巴基斯坦国情

邵鹏鸣◎主编
石明星 张海韵 史小今◎副主编

时事出版社
北京

图书在版编目（CIP）数据

巴基斯坦国情/邵鹏鸣主编.—北京：时事出版社，2022.11
ISBN 978-7-5195-0485-4

Ⅰ.①巴…　Ⅱ.①邵…　Ⅲ.①巴基斯坦—国情　Ⅳ.①K935.3

中国版本图书馆 CIP 数据核字（2022）第 162452 号

出 版 发 行：时事出版社
地　　　　址：北京市海淀区彰化路 138 号西荣阁 B 座 G2 层
邮　　　　编：100097
发 行 热 线：（010）88869831　88869832
传　　　　真：（010）88869875
电 子 邮 箱：shishichubanshe@sina.com
网　　　　址：www.shishishe.com
印　　　　刷：北京良义印刷科技有限公司

开本：787×1092　1/16　印张：11　字数：145 千字
2022 年 11 月第 1 版　2022 年 11 月第 1 次印刷
定价：88.00 元

（如有印装质量问题，请与本社发行部联系调换）

本书得到教育部国别和区域研究专项资金和海南大学马克思主义学院学术著作出版专项经费资助。

目录 Contents

第一章　巴基斯坦的历史 …………………………………… (1)
　第一节　殖民时期与印巴分治 ………………………………… (3)
　第二节　东西分裂时期 ………………………………………… (17)
　第三节　经济发展时期 ………………………………………… (23)

第二章　巴基斯坦的政治 …………………………………… (40)
　第一节　巴基斯坦的国体 ……………………………………… (40)
　第二节　巴基斯坦的政体 ……………………………………… (41)
　第三节　巴基斯坦的国家结构形式 …………………………… (53)
　第四节　巴基斯坦的政党制度和政体形式分析 ……………… (55)
　第五节　巴基斯坦选举制度 …………………………………… (70)
　第六节　巴基斯坦国内政局变化及其因素 …………………… (82)

第三章　巴基斯坦的经济 …………………………………… (91)
　第一节　巴基斯坦基本经济结构 ……………………………… (91)

第二节　巴基斯坦经济布局 …………………………………（100）
　　第三节　巴基斯坦的经济现状分析 ……………………………（104）
　　第四节　巴基斯坦经济面临的困境与矛盾 ……………………（113）

第四章　巴基斯坦的文化与社会 ………………………………（118）
　　第一节　巴基斯坦的社会模式 …………………………………（119）
　　第二节　文化及其他 ……………………………………………（125）

第五章　巴基斯坦与南亚各国的关系 …………………………（139）
　　第一节　南亚基本情况 …………………………………………（139）
　　第二节　自然条件和资源 ………………………………………（142）
　　第三节　巴基斯坦与南亚各国的经贸关系 ……………………（154）

第一章 巴基斯坦的历史

巴基斯坦,意为"圣洁的土地""清真之国",他是个伊斯兰国家,95%以上的居民信仰伊斯兰教。作为中国的众多邻国之一,他是被习近平主席亲切地称作好邻居、好朋友、好伙伴、好兄弟的"四好"国家,又被中国人亲切地称为"巴铁"("巴基斯坦铁哥们儿"的意思)。要问到底有多"铁",连中国总理李克强都这么叫,足见巴基斯坦实实在在是中国人民的"全天候"朋友。巴基斯坦南濒阿拉伯海,东邻印度,东北邻中国,西北与阿富汗交界,西邻伊朗。其地理位置具有的重要战略意义,使得巴国的发展与世界大国关系格局的转变息息相关。巴基斯坦的宗教、文化、政治的发展错综复杂,使其历史发展脉络表现出独特的内在逻辑,本身发展的曲折性体现了历史偶然性与必然性的统一。纵观巴基斯坦的历史进程,封建帝国、殖民地、国家独立、东西分裂各个阶段跌宕曲折又波澜壮阔。当然,一个国家、一个民族发展的内在逻辑总是有迹可循的,透过事件捕捉本质,客观的评述与分析巴基斯坦的过去与未来是维系和巩固中巴关系的必然要求。

"中巴经济走廊"项目致力于建设从巴基斯坦的瓜德尔港到中国

的喀什为路径的重要经济、能源、战略、物流通道。巴基斯坦地势自西北向东南倾斜，全境3/5为山地和高原，南部沿海一带为沙漠。喜马拉雅山、喀喇昆仑山和兴都库什山这三条世界上有名的大山脉在巴基斯坦西北部汇聚，形成了奇特的景观。源自中国的印度河进入巴境后，自北向南，长驱2300公里，最后注入阿拉伯海，海岸线长980公里。以交通为主轴，从中国西部新疆喀什出发，穿过巴控克什米尔地区，串联起巴基斯坦境内的白沙瓦、拉瓦尔品第、伊斯兰堡、拉合尔、卡拉奇、奎达等重要城市，绵延3000公里直到巴基斯坦西南部的瓜德尔港。本书以习近平总书记提出建设"新丝绸之路经济带"[①] 和"21世纪海上丝绸之路"[②] 的合作倡议为时代背景，选取巴基斯坦的历史部分加以研究，立足巴基斯坦实际国情，希望通过对不同历史阶段发生的重大历史事件的筛选整理，以史为鉴，为进一步了解、认识巴基斯坦问题提供新的思考角度。

  本部分内容框架分为三个历史发展阶段：殖民时期与印巴分治阶段、东西分裂阶段和经济发展阶段。纵观巴基斯坦的历史发展进程，宗教、军政、地缘政治充斥其中，在不同阶段各自扮演着不同的角色，机械地将历史脉络分阶段进行研究，简单地通过一系列历史事件串联会使得分析过于片面，缺乏完整性。本章试图选取各阶段中最具代表性的历史事件或利益团体，追踪其具体的历史走向对以上发展阶段进行逻辑上的整合。

---

  ① 丝绸之路经济带是在古丝绸之路概念基础上形成的一个新的经济发展区域。其包括西北五个省（自治区）陕西、甘肃、青海、宁夏、新疆；西南四个省（直辖市）重庆、四川、云南、广西。

  ② 这是2013年10月习近平总书记访问东盟时提出的战略构想。海上丝绸之路自秦汉时期开通以来，一直是沟通东西方经济文化交流的重要桥梁，而东南亚地区自古就是海上丝绸之路的重要枢纽和组成部分。

第一节　殖民时期与印巴分治

　　1857年后，印度次大陆成为英国殖民地，巴基斯坦即为英属印度的一部分。英国"分而治之"的政策使穆斯林与印度教徒之间冲突加剧。二战结束后，印度次大陆摆脱英国的殖民统治获得独立。1947年6月，英国最后一任驻印度总督蒙巴顿提出把印度分为印度和巴基斯坦两个自治省的"蒙巴顿方案"，[①] 同意印巴分治。8月14日，巴基斯坦宣布独立，成为英联邦的自治领地，包括巴基斯坦东、西两部分。1956年3月23日，巴基斯坦伊斯兰共和国成立。根据"蒙巴顿方案"的规定，印度教徒居多数的地区划归印度，穆斯林占多数的地区归属巴基斯坦，但对克什米尔的归属问题却未做出规定。因印巴分治的历史渊源、社会背景、宗教文化冲突等影响因素盘根错节，故本书选取穆盟的发展轨迹为参照物，叙述印巴分治的过程始末。

　　印巴分治的原因错综复杂。在伊斯兰教传入印度大陆之前，印度主要有印度教、佛教和耆那教，其中印度教占绝对优势。首先把伊斯兰教传入印度的是阿拉伯人，其后是突厥人、阿富汗人和蒙古人的后裔。伊斯兰教成为穆斯林统治印度大陆时期占统治地位的宗教，从它传入印度的那一天起，印度教和伊斯兰教的冲突就

[①] 即"印巴分治"方案，亦称印度独立法案。因1947年6月由英国驻印度最后一任总督路易斯·蒙巴顿（1900—1979年）提出而得名。第二次世界大战后，英帝国主义迫于印度民族解放运动的强大压力，提出的英国移交政权和"分而治之"方案。

开始了。

1906年，全印穆斯林联盟在今孟加拉国达卡成立。起初，全印穆盟只是一个由封建地主阶级和资产阶级组成的教派政治组织，但随着1935年英印政府通过了《印度政府法》，[①]该法表明给予穆斯林在未来印度政治建设进程中单独选区和各省自治的权利，但其实质是实行"分而治之"的策略。实际上，这一策略也取得一些效果，在随后举行的选举中，国大党大胜，全印穆盟失败。国大党获胜后，拒绝与全印穆盟组建联合政府，同时采取了一系列强化印度教的措施。此时，穆盟领袖真纳意识到，与国大党的合作是不可能的，想在当前体制下维护印度穆斯林的权利十分困难。最终，真纳在穆罕默德·伊克巴尔"两个民族"理论[②]的启发下，带领全印穆盟走向变革之路，开展了轰轰烈烈的、以在印度次大陆建立独立国家为目标的政治运动。

随着印度次大陆内部印度教徒和穆斯林之间矛盾升级，英国希望建立联合政府的想法破灭。在南亚次大陆内战一触即发的紧张形势下，1943年3月英政府重新任命蒙巴顿勋爵为总督，蒙巴顿上任后提出印巴分治方案。方案规定：印度分为印度教徒的印度斯坦和伊斯兰教徒的伊斯兰斯坦，两个国家均享有自治地位。在两个国家

---

① 英国议会于1935年制定的关于英属印度宪政体制的根本法，其突出特点是实行省自治。《印度政府法案》包括两部分内容：全印联邦结构和省自治。它规定，印度的国家体制为英属印度各省和印度各土邦组成的联邦，各个土邦自愿参加联邦。联邦中央立法机构为中央立法会议和国务会议，两者只有有限的权力，通过的法律必须经英国印度总督批准方为有效，联邦的行政权完全在英印总督手中。法案规定各省省政府由省立法会议的多数党组成，经省督批准即可。省政府对省立法会议负责，可在宪法范围内行使权限。

② 两个民族理论是建立独立的巴基斯坦国的理论基础。其主要内容是：印度次大陆的印度教徒和穆斯林是两个民族，印度应分治为民族国家，给主要民族以单独的祖国。该理论由穆罕默德·阿里·真纳于1940年初明确而完整地提出。

的国界未做出最后确定之前，由西北边境省、阿萨姆省的锡尔赫特区居民进行全民投票，在信德省立法议会公决，确定这3个省加入哪一个国家的问题，在印度分治前先解决孟加拉省和旁遮普省的划界问题，各土邦有权决定他们加入印度和巴基斯坦中哪个国家的问题。如果土邦不愿意加入任何一个国家，那么他们可以保持同英国的关系，但无自治领地位。国大党与穆盟都同意接受，西北边境省、锡尔赫特及旁遮普和东孟加拉都投票赞成成立巴基斯坦。1947年7月，英国政府通过印度独立法案，法案规定自1947年8月15日开始，印度和巴基斯坦两国实现独立。自此，南亚次大陆多了一个新的国家——巴基斯坦。真纳成为巴国第一任总督，真纳的助手里利亚格特·阿里·汗被选为巴基斯坦首任总理，全印穆盟改名为巴基斯坦穆斯林联盟。此外，法案规定克什米尔自由选择归属，但印度利用其分治时控制的克什米尔议会通过决议，单方面宣布该地区归属印度。同年10月27日，印度和巴基斯坦在克什米尔地区爆发了第一次印巴战争。

印度在获得克什米尔土王哈里·辛格签署的《加入证书》[①]之后，迅速空运军队到克什米尔，与反叛的穆斯林部落民进行战斗。获悉印军开进克什米尔之后，真纳也想派巴基斯坦军队赴克什米尔作战。印巴联军总司令陆军元帅克劳德·奥金莱克在10月28日接到通知后，马上飞赴拉合尔与真纳会谈。他对真纳说，哈里·辛格

---

① 本书运用地缘政治理论来阐释如下几个问题：在地缘政治的作用下，查谟和克什米尔土邦怎样因其独特的地理位置而得以建立和成型，该土邦由此而形成的民族版图和政治结构，对克什米尔问题有什么影响；在印巴分治前后，国大党/印度和穆盟/巴基斯坦的克什米尔政策怎样导致克什米尔问题的产生；克什米尔问题产生之后为何不能及时得到解决，又是怎样卷入全球政治斗争并随之而脉动。

既已加入印度,印度军队就有理由进入克什米尔。如果巴基斯坦军队采取任何行动,那他就不得不撤退全部英国军官,包括印巴双方的总司令在内。因此,真纳放弃了进军克什米尔的行动。奥钦莱克建议召开一个圆桌会议,由真纳、利雅格特、蒙巴顿、尼赫鲁、克什米尔的土王和首相共同参加,讨论克什米尔问题。讨论过程中,蒙巴顿建议在联合国组织的主持下进行公民投票,真纳则宣称,唯有两位总督才能组织公民投票。蒙巴顿立刻拒绝这一建议,强调无论真纳建议以何种程序来解决克什米尔问题,他的宪法职位只能允许他依据其政府建议来行事。

第一次克什米尔战争的起初阶段,巴基斯坦的正规军没能投入战斗。穆斯林部落民的武器虽然落后,但也对印度军队造成很大威胁。印度军队的战斗力之差,让哈里·辛格极为不满,认为这使克什米尔陷入了泥淖之中。1948年1月31日,他给萨达尔·帕特尔写了一封长信宣泄自己的苦恼:"正如你所知,自从印度军队到达之后,克什米尔的军事形势令人非常沮丧。除了在克什米尔谷取得的成就之外,其他地方的业绩完全呈负债状态,以至于现有成果也令人担忧"。

1948年4月,印军对克什米尔发动新的攻势,在查谟以拉佐里为目标,在克什米尔以穆扎法拉巴德为目标。4月21日,印军攻占了拉佐里,同时筹划分两路进攻穆扎法拉巴德。同日,联合国安理会通过决议,既没有理会印巴双方的争吵,也未触及加入合法与否的复杂性,仅要求双方停火,为举行公投创造条件。决议要求巴基斯坦应首先利用影响使部落民武装退出克什米尔,然后印度再把军队减少到能维持治安的最低限度。克什米尔的现任政府应扩大编制,以容纳各党派。为了进行公投,决议还建议由联合国任命一个拥有实权而且负责任的公民投票管理人。最后，决议还规定成立联合国印巴委员会①来承担主持和监督公民投票的使命。在这次联合国决议过程中，苏联驻安理会代表葛罗米柯对所有表决都弃权。

1949年7月27日，印巴双方经过艰难协商，最终签署《卡拉奇协定》，确定了在克什米尔的停火线。停火线划定之后，查谟和克什米尔实际上就成为分别隶属于印度和巴基斯坦的两部分，一般称作印控克什米尔和巴控克什米尔，克什米尔就这样分裂了。战争的结果是，巴基斯坦控制了克什米尔1/3的土地和1/4的人口，首府②为穆扎法拉巴德。印度凭借自己全方位的优势尤其是军事优势，夺取查谟和克什米尔2/3的土地和3/4的人口，首府为斯利那加。印度夺得克什米尔人口和经济的主要集中地克什米尔谷，确立了自己在克什米尔的战略优势。印度还控制了克什米尔境内的杰纳布河、拉维河的上游，它们对巴基斯坦的农业灌溉具有重要意义。由于巴基斯坦对巴控克什米尔之间的整合进展良好，巴控克什米尔完好地融入巴基斯坦整体之中，不存在国家认同问题。而印控克什米尔虽然在印度的掌控之下，却享有特殊的宪法地位，保持着很强的独立性。在多种因素影响下，它的独立倾向长期存在，造成严重的政治问题。

第一次克什米尔战争虽然结束了，但克什米尔的归属问题并没有得到解决，只是暂时被抑制。在第一次克什米尔战争中，印度实现了自己的主要目标，夺取了查谟和克什米尔邦的核心地区克什米尔谷，并巩固了在该地区的统治。至此，克什米尔问题已不再是印巴双方的

---

① 由英、美、阿根廷、比利时、哥伦比亚和捷克斯洛伐克六国代表组成。
② 在外语环境中（如欧系语言），首府通常翻译为"Capital"。

矛盾所在，而是具有了双重性。联合国的介入没有很好地解决问题而选择搁置，使得克什米尔地区成为各方力量博弈的战略据点，美英苏等大国由起初的避之不及，逐渐主动或被动地卷入其中，使该地区成为冷战格局中的一部分。

1956年，巴基斯坦第二届制宪议会制定了宪法，宪法规定巴基斯坦为伊斯兰共和国，实行总统制，总统享有任命或解散政府的权力。总理由国民议会中多数派选举产生，东西巴基斯坦在中央政府中享有同样的代表席位。国家法律要参考伊斯兰经典和先知传统。然而，由于巴基斯坦政治局势动荡，经济形势严峻，文官政府对此却无能为力，最终阿尤布·汗在1958年10月7日实施了军法管制。实行军法管制后，阿尤布·汗做的第一件事就是禁止任何政党活动。他在就职时就表示政党政治是国家政局动荡不安的根源。因此，这一时期，包括穆盟在内的所有政党均被取缔。此外，阿尤布·汗还取缔了历时9年制定而成的第一部宪法，并通过基本民主制进行选举，使其成为巴基斯坦第一位选举产生的总统，最后，阿尤布·汗颁布了新的宪法，独揽大权。阿尤布·汗试图通过宪法使自己个人统治合法化，但这遭到各方强烈反对，社会各界强烈呼吁实行民主制。

巴基斯坦独立伊始，巴政治发展的焦点问题集中在制宪上，因各党和各派别始终争论不休，利益关系无法得到调和。巴国虽制定了三部宪法，却未得到有效实施，反之，制宪过程还加剧了不同利益主体间的矛盾，这使巴基斯坦无法建立起真正统一和一致的政治文化，难以形成统一的国家认同。政党间斗争造成巴基斯坦长期处于政局不稳的状态，当今这种状态依然存在，穆盟谢里夫执政后，也面临国内其他政党和派别的发难，在政党斗争频发的情形下，执政党无法有效发展国家经济，也无法使得地区隔阂有所减少，更加不能促成人们形成统一的国家认同。

最初，穆盟带领广大穆斯林开展了声势浩大的独立运动，从而使巴基斯坦得以从印度次大陆独立，这是穆盟不可磨灭的历史功勋。然而巴基斯坦独立之后，穆盟并未巩固其优势，反之不断地没落、分裂甚至被取缔，这主要归咎于穆盟对新生的国家并没有清楚的认识和规划。在巴基斯坦独立之前，"两个民族"理论能够使得印度次大陆的穆斯林团结在一起，为了巴基斯坦独立而奋斗；但在独立之后，地区矛盾、宗派矛盾和民族矛盾慢慢凸显，穆盟政府并未对其有清醒的认识，也没有妥善的处理，这就造成巴基斯坦政局不断动荡，屡次被军方管制。可以说，穆盟的整个发展过程也是巴基斯坦建国初期政党政治发展的一个缩影，穆盟的发展深受巴基斯坦宗教及军方的影响。

外交政策方面，穆盟政府与美国关系降至冰点，外交重心逐渐向中国转移：1963年3月2日，巴中签订边界协定，划定了双方的边界；同年8月，两国签订航空协定；1964年2月，中国国家总理周恩来访巴，并表示支持克什米尔人民自决。解决克什米尔问题是巴制定外交政策的直接诉求。此外，在这一时期，印度将克什米尔置于自己的控制之下，巴基斯坦不满印度对克什米尔的吞并，1965年8月初两国在克什米尔爆发第二次战争，后双方签署《塔什干宣言》[①]，巴基斯坦承诺在克什米尔问题上"不使用武力而采取和平手

[①] 2004年6月17日，中华人民共和国、哈萨克斯坦共和国、吉尔吉斯共和国、俄罗斯联邦、塔吉克斯坦共和国和乌兹别克斯坦共和国在上海合作组织塔什干峰会上共同签署了《塔什干宣言》。宣言指出，上海合作组织成员国将加强他们在安全领域的合作，以便更有效地打击恐怖主义、分离主义和极端主义，捍卫六国的共同利益。

段解决争端"和"互不干涉内政的义务"。

在印巴分治前后,克什米尔问题并不是一个孤立的现象,与克什米尔有着相同性质的海得拉巴和朱纳加德两个土邦的归属也一度成为难题,但唯独克什米尔的归属没有及时得到解决。鉴于克什米尔地区的特殊性及该地区在历史中扮演的重要角色,特对该地区的相关概况及该地区问题、冲突发生的根源做出阐释。

克什米尔是个内涵丰富的术语,本章提及的克什米尔是查谟和克什米尔邦的简称,它是英印帝国里一个面积约为19万平方公里的土邦。克什米尔位于南亚次大陆的北部,其毗邻地区按顺时针方向从北面起依次为中国的新疆维吾尔自治区和西藏自治区,印度的喜马偕尔邦和旁遮普邦,巴基斯坦的旁遮普省和西北边境省,以及阿富汗的巴达赫尚省,并隔着狭长的阿富汗瓦罕走廊与塔吉克斯坦共和国相望。克什米尔是喀喇昆仑山脉、喜马拉雅山脉和兴都库什山脉交汇的地方,境内群山环绕、高峰耸立,很多地方常年积雪,是南亚次大陆多条重要河流的发源地。就其地理构造而言,克什米尔就像一个自然博物馆,所有土地构造的自然特点和类型几乎可以在这里找到。克什米尔的气候南北差异大,并随其海拔高度而变化。克什米尔的降水量自西南向东北递减,气温从北而南增加。其中最重要的地区是克什米尔谷,它是地广人稀的克什米尔的人口稠密之地,也是其政治、经济和文化中心。克什米尔谷呈椭圆形,其中轴和喜马拉雅山脉的走向大致平行。克什米尔谷的形状像一个茶托,平均海拔高度约1700米,面积约为1.5万平方公里。就地理位置的战略性而言,克什米尔位于兴都库什山脉,地势险峻,易守难攻。自19世纪开始,在阿富汗、锡克、查谟、中国、英国和俄国之间错综复杂的关系作用下,查谟和克什米尔土邦因其特殊的地理位置和地形地貌而得以建立和成型。英国结束殖民时没能将查谟和克什米尔纳入英属印度，而满足于把它当作一个主权土邦拱卫英印帝国的北部边疆，是当时南亚北部地缘政治作用的结果，也显示出该地区利益纠葛的复杂程度。

实际上，克什米尔问题不仅是一个国内问题，也是一个国际问题，是具有双重属性的长期争端。从另一层次看，克什米尔问题还具有双重维度，可分为克什米尔争端与克什米尔危机。最初且历史更悠久的那个维向，显而易见是印巴之间从1947年次大陆分裂开始就存在的领土争端。而更晚出现的这个维向则发生在印控克什米尔内部，它在本质上是一场克什米尔邦内不同族群与印度政府之间的族裔冲突。这两种性质不同的矛盾虽然相对独立，但并非相互隔绝，它们具有许多平行线和重叠处，彼此影响和相互牵制。

停战协议的签署并没有解决克什米尔问题，只是表示印巴两国同意在克什米尔维持现状，查谟和克什米尔土邦因此被正式地分裂成印控克什米尔和巴控克什米尔，相应地使此后的克什米尔问题具有双重维度。

印度边疆史专家、英国学者阿拉斯泰尔·兰姆针对克什米尔问题著有《克什米尔：一份充满争议的遗产（1846—1990年）》[①]和《未完成的分治：克什米尔争端的由来（1947—1948年）》，是他在这方面研究的两部代表作。前者对克什米尔问题作了一个全景式的分析，后者则集中分析克什米尔问题产生前后的历史事件。他提出一个颇有见地的观点，明确指出克什米尔问题的根源在于不彻底分治的地缘政治程序。他认为克什米尔问题之所以产生，是源于印度

---

① 主要叙述和分析了克什米尔问题的起源和发展。

既定的地缘政治战略，为了控制英印帝国的北部边疆，在印巴分治之前它已经决定把克什米尔囊括到印度领土之中。

英国在印度建立的殖民体系被称作英印帝国，由英属印度和印度土邦两部分构成。克什米尔在英印帝国里具有独特的地位。这一方面是由于其独特的地缘战略地位：它是英印帝国的北部边疆，位于全球地缘政治的战略要冲，与周边国家有着高度的利害关系；另一方面在于它是一个主权土邦，具有独特的法律地位。第二次世界大战之后，英国被迫结束对印度的殖民统治。在撤离印度的过程中，英国主要关心自己如何全身而退，因此把精力主要放在相对容易解决的英属印度分治上面，而基本忽视了复杂棘手的印度土邦归属问题。这期间制定的与土邦问题有关的文件共有3份，《内阁使团备忘录》①《蒙巴顿方案》和《印度独立法》②都没有明确印度土邦归属的解决办法。印度土邦归属处于无法可依的状态，这导致印巴两国都可以找出含糊的文件作为自己在克什米尔行事的法律依据，为克什米尔问题的解决提供了模糊的法律空间。这也从另一方面证明，印巴之间的克什米尔争端解决不具备法律基础，争端必将长期存在。

查谟和克什米尔邦形成初期，其辖区主要包括信奉印度教的查谟，信奉藏传佛教的拉达克，信奉伊斯兰教的蓬奇、巴尔蒂斯坦、克什米尔、吉尔吉特等地，形成由少数派的印度教徒统治多数派的穆斯林的格局。查谟和克什米尔土邦形成之后被称作印度的微缩体。20世纪中期，在民族民主运动兴起和发展的过程中，两个地方的主

---

① 主要针对土邦问题。

② 印度独立法由英国政府起草，内容包括1947年6月3日的"蒙巴顿方案"中的主要条文。1947年7月英国议会表决通过，并定名为《1947年印度独立法》。根据此法案，实行印、巴分治，印度和巴基斯坦分别成为英联邦的两个自治领。

第一章　巴基斯坦的历史

流都是民族主义运动，支流是分离主义运动。克什米尔穆斯林领导的民族主义运动与印度的民族主义运动合拍，却与印度的穆斯林建国运动背道而驰。这是克什米尔问题产生的历史渊源。

爆发于克什米尔地区的两次印巴战争并未消除两国的根本矛盾，亦未催生合理的具有可行性的解决方案，甚至连沟通机制的建立都未有突破性进展。巴基斯坦建国以来，内部政局动荡，各利益集团长期处于寻求平衡的博弈当中。外部有印度虎视眈眈，危机不断。从逻辑排序上来讲，针对该时期的总结性陈述应放置于第三次印巴战争之后，鉴于第三次印巴战争具有其特殊性，直接涉及东西分裂，处在印巴斗争的下一阶段，考虑到寻求各阶段内在联系的前提下，亦要保证研究框架中几个阶段的叙述独立性，试将关于巴基斯坦的政、军、教的评述提前至此。

对于局势极不稳定的巴基斯坦来说，无论是政治、经济或是社会等各方面的发展，都与伊斯兰教、军队密切相连。伊斯兰教是巴基斯坦的国教，也是立国之本，其对巴基斯坦的影响十分深远。真纳[①]是在"穆斯林是一个民族"的口号下把印度穆斯林凝聚在一起的。这个口号激发了广大穆斯林的宗教情感，使他们为建立一个穆斯林祖国、为摆脱一切剥削和歧视，特别是为他们宗教信仰的自由权利而奋斗。从这个意义来说，巴基斯坦的建立从一开始就与宗教结下不解之缘。但是，这并不意味着真纳要把巴基斯坦建成一个宗教国家。他在1941年11月在阿利加尔穆斯林大学演讲时说："认为

[①] 穆罕默德·阿里·真纳，1876年12月25日—1948年9月11日，巴基斯坦立国运动领袖，巴基斯坦国的创建者，政治活动家，第一任总统（1947—1948年）。印巴分治前任印度穆斯林联盟主席。鉴于真纳为创立巴基斯坦独立国家所做的不朽贡献，巴基斯坦人民称誉他为"巴基斯坦国父"。

巴基斯坦是一个宗教国家是完全错误的。"1943年12月，他在孟买伊斯玛仪学院演讲时又说道："穆盟不是为宗教利益而斗争，也不是印度教徒所理解的教派组织，穆斯林的宗教权利存在于他们的灵魂和躯体之中。"他肯定代议制机构是"好的和称心如意的"，并亲自组建了代议制政府，但同时又强调"在制定宪法时切莫忘记伊斯兰教的基本原则。他一方面强调穆斯林要享有充分的信仰自由，但又不主张建立一个由神职人员统治的神权政府；另一方面，他虽然主张建立代议制政府，但又重视捍卫伊斯兰教的传统理论和价值观念。因此，他所要建立的正是一种伊斯兰原则与代议制民主相结合的政体，追求的是世俗化的民主制度，即穆斯林在现代社会环境里按照伊斯兰教的理想和原则生活。

但应注意到的是，巴基斯坦早已与伊斯兰教密不可分，建国时所倡导的"两个民族"理论就注定了巴基斯坦是以宗教立国；而在独立后，巴基斯坦宗教势力日益增强，历届文官政府及军事统治无不利用伊斯兰教来巩固自己的政权，以获取更多的民心。穆盟当然也不例外，在巴基斯坦国内各种势力纷争的情况下，穆盟也不得不倚重巴基斯坦国内宗教政党及宗教势力来稳固自己，增强自身力量来对抗其他政党，而当这一方法初具成效，穆盟甚至一度认为国家伊斯兰化是巩固政权及解决问题的有效方法，这也使得穆盟一度成为准伊斯兰政党。但随着国际时局的不断变化，穆盟最终认识到，这并不是一条行之有效的路径，相反会遭受各方非议。

印巴分治以来，巴政府一直难以较好地解决和消除意识形态、语言、文化上的差异和分歧，巴基斯坦国内也并未形成强烈的民族认同感，或者说建国初期所凝聚的民族意识产生了分歧。国家仍然需要由军队的强制力量、强有力的行政机构、各派之间的政治交易来维持统一，这就给军人干政提供了契机，巴基斯坦几乎每10年就出现一次军人干政。而巴基斯坦历届政府因面临着国内外的安全威胁，都不断增强军人在国家中的地位，在巴军队职业化水平不断提高的情况下，同软弱分裂的文职政府相比，军方显示出高度的纪律性、凝聚力和自信心。每次巴基斯坦出现军人政权之前，巴基斯坦政局总是陷入一片混乱之中，政府已无法控制局势，只有靠军队出来收拾残局，社会秩序和经济才逐渐恢复平静和发展。显然，巴基斯坦军人干政是由于巴基斯坦政局的混乱而产生，其先后经历了阿尤布·汗、叶海亚·汗、齐亚·哈克和穆沙拉夫的军事管制，长达近35年之久，占据巴基斯坦独立以来的一半时间。值得注意的是，巴基斯坦在军人统治期间，均出现经济发展快、政局稳定的现象，比文官政府统治时期要好得多。因此，巴民间也更加相信军队，认为军政是巴基斯坦的中流砥柱，长此以往，军人在巴基斯坦越发成为一支十分重要的力量。

  鉴于巴军方至关重要的作用，无论哪个政党执政，都必须与军方保持良好关系，穆盟也不例外。首先，巴军方与穆盟实际上是相互依靠、相互制衡的。军方代表也在不同程度上利用穆盟，或增强其政权合法性，或为了获得更多支持；而穆盟也在这一过程中，不断变化，不断调整，以寻找最适合自己的发展模式，穆盟在执政时期也希望能够借助军方的支持稳固自己的政权。当然，穆盟也曾挑战过军方，诸如谢里夫挑战佩尔韦兹·穆沙拉夫，[①] 但这种挑战最终

---

  ① 佩尔韦兹·穆沙拉夫，巴基斯坦前总统，陆军前总参谋长，上将军衔，政治家。参加过两次印巴战争，主张对印度采取强硬立场。曾做过突击队员，而且曾两度参加过与巴基斯坦夙敌印度的战斗。

使得穆盟失去了执政地位,谢里夫也被流放。历史的发展使穆盟更加明白依靠军方的重要性。此外,穆盟与军方保持着相互制衡的关系,任何一个政党执政,无论怎么依靠军方,都不会让军方无限制地坐大,威胁其政权。而军方则追求的是更大的权力以及对国家事务更多的话语权,从这个角度来看,双方实际上又在相互博弈制衡之中。

其次,军政的形成有其历史性。巴基斯坦在独立后困难重重,一直处于内忧外患之中。一方面,外部面临来自印度的威胁,双方围绕克什米尔领土纷争爆发了三次大规模的战争,巴基斯坦感受到印度对其国家生存带来的威胁。为了消除安全恐惧,建立一支强大的足以保护国家安全的国防力量成为巴基斯坦的必然选择。另一方面,巴内部政治体制不成熟,政党制度不健全,民主制度的脆弱性呼唤强力政治人物的产生,军队无疑适时地弥补了这一角色的缺失。政客们的腐败行为和能力缺失使训练有素、高举国家和民族利益大旗的军队获得了某种程度的道德优越感。于是,巴基斯坦坎坷的政治历史,就成为"一部军法管制与伪民主交替的历史"。社会存在的诸多不稳定因素使得军队至关重要。在巴基斯坦的政治发展过程中,军方对国防政策、国内其他政策及外交政策都有一定的发言权及决定权。一定程度上说,军方是巴人民利益的守护者,在政党有所纷争时,他就成为裁判者。在特殊时期,军方不惜以违宪来获得执政地位,在执政后,再通过补救措施获得政权合法性。

第二节　东西分裂时期

1947年巴基斯坦独立，巴基斯坦伊斯兰国的成立是印度半岛穆斯林的大胆试验，东、西巴基斯坦有同样的信仰和同样面临来自印度教徒的威胁。因此，巴基斯坦形成特殊的国土构成，其由东和西两部分组成，分别被简称为东巴和西巴。西巴主要由使用乌尔都语的旁遮普、俾路支和巴丹等几个民族组成；东巴主要由使用孟加拉语的孟加拉族组成。西巴与东巴之间的领土相距1500多公里，中间被印度分开。建国以后，尽管他们共同的敌人已消失了，但是这两地居民除了信仰同一宗教以外，几乎不存在共同之处，在语言、文化和风俗习惯等方面依然存在很大差异，加上中央政府的政权基本上掌握在西巴人的手中，建国后诸多国内问题及东西巴间的诸多矛盾日益尖锐。

一、分裂原因

第一是地理情况。首先，巴基斯坦独立后，巴基斯坦的国土面积约948000平方公里，东巴面积为147570平方公里，而西巴的面积为803940平方公里，西巴的土地面积显然比东巴大约5.4倍。由于东巴国土安全纵深非常有限，巴基斯坦的各个政府和军事机构建在西巴比较安全，但是当巴基斯坦中央真的这么做了以后，东巴人觉得自己的感情受到严重伤害。其次，巴基斯坦两翼之间的陆上距离有1500多公里。在印巴交恶的情况之下，东、西两翼直接往来十分不便，导致两翼间陆上往来越来越少。

第二是人口情况。东巴基斯坦在1941年人口普查时人口约4199万人，占整个巴基斯坦人口的56%，东巴的人口大约为西巴的1.2倍。从族群方面来看，首先，西巴是单一的穆斯林族群，而东巴有着多种宗教群。印巴分治以后，东、西巴都迎来了移民潮。一方面，北印度有590万穆斯林移民西巴，而西巴的几乎全部非穆斯林人口移民印度。另一方面，印度东部有120万穆斯林移民东巴，东巴也有不少非穆斯林迁至印度，但是东巴仍然留有1/5人口的100万印度教徒和50万其他教徒。值得注意的是，由于北印度穆斯林长时间引领印度半岛的穆斯林思想，这些来自北印度的穆斯林政治家认为他们是巴基斯坦的"天然领袖"，在巴基斯坦建国之初，他们是巴基斯坦政治的主导者。经济方面，外来穆斯林移民带来丰厚资金，而且他们有较高的教育水平，工作能力较强，因此他们在东、西巴基斯坦两翼的商业领域也占据着重要的地位。

第三是语言文化之争。巴基斯坦是一个多语言国家。除了通用的英语以外，还有孟加拉语、乌尔都语、信德语等。西巴人主要使用乌尔都语，其受阿拉伯语和波斯语的影响较深。相反，孟加拉语一直是东巴的民族语言，其衍生于古印度的梵语和地方俗语，印度教文化和思想熏陶较浓。但乌尔都语和孟加拉语这两种语言，无论从口语还是书面上都很不相同。1951年巴基斯坦人口普查的结果显示东孟加拉中会讲乌尔都语的人口只占其总人口的1%，在巴基斯坦讲乌尔都语的人并不多，尽管如此，巴基斯坦的领导者（西巴中央政府）仍然排斥孟加拉语，宣传孟加拉语实际上就是印度教的语言，而乌尔都语体现了伊斯兰文化传统，应该将乌尔都语定为唯一国语。

结果激起东孟加拉反抗，强力的语言政策促使孟加拉人更加注重自己的语言，促使孟加拉人民族意识的觉醒。

第四是经济上的矛盾。西巴地处山区，矿产资源丰富，是巴基斯坦的主要工业区。而东巴几乎是冲积平原，适合农业种植，尤其是黄麻使得东巴成为巴基斯坦的主要农业区。建国初，西巴没有工业品能出口，而东巴的传统农业经济作物——黄麻的出口是巴基斯坦外汇收入的主要来源。然而，东巴靠黄麻出口赚来的相当部分外汇却被用来进口西巴发展工业所需的机器设备。换句话说，东巴靠农产出口所赚来的相当部分外汇都被西巴所用。随着东西巴基斯坦之间的经济差距越来越大，双方的矛盾也随之加深。据统计，1958—1968年的10年间，从东巴流入西巴的资金达173亿卢比。在发展费用的分配上，西巴也大大超过东巴。虽然东巴相对于西巴有较为快速的经济增长，可巴基斯坦的中央政府却把东巴当作西巴的"经济殖民地"。

第五是政治上的矛盾。在英国殖民统治时期，东巴的大多数穆斯林是贫苦农民，因此很少有机会在殖民当局担任重要职务，因此在印巴分治时，军队中的重要职务几乎是西巴人担任，巴基斯坦中央和各省级的重要部门都被西巴人所控制。虽然在巴基斯坦建国初期西巴政府也面临很多困难，但是总的来说，西巴在政府人员配置、设施配置上远好于东巴。就巴基斯坦的政治地位而言，东巴人不仅在权力机构中受尽排斥，而且中央政府还不尊重东巴省政府和东巴领导人，导致东巴人内心十分不满。此外，东、西巴基斯坦间地理上的差距也造成巴基斯坦政治上的沟通不利。在这种情况下，双方间实际上不能保持直接的陆路联系，为国家管理体制带来许多不便。可想而知，基于上述原因，东巴逐渐走向分裂。

二、印度干涉东西分裂

1970年12月7日，巴基斯坦举行建国第一次大选，全国25个党派参加了这次大选。在议会中，共有1570个候选人竞选国民议会中的300个主席，其中东巴有769个候选人，西巴有801人。可大选的结果出乎西巴人的意料，巴基斯坦人民党在东巴省一票未得，它的得票数只占总数的20%；而东巴省的人民联盟，虽然在西巴也一票未得，但得票数却占总票数的38%。此时，尽管东巴人对大选结果欢欣鼓舞，可西巴则忧心忡忡。西巴人害怕东巴人利用这次选举结果的优势制定对西巴人不利的宪法。东、西选举结果和许多重大问题上的分歧，给即将召开的国民议会造成影响，西巴基斯坦拒绝移交权力。此次选举，以穆吉布·拉赫曼为首的人民联盟获得胜利，在国民议会中占据大多数席位。其提出的《六点纲领》①主张东巴自治，遭到西巴中央政府的拒绝。这一分歧使巴国内政治局势日益紧张，同时激起东巴人的不满，双方矛盾爆发，斗争和冲突达到顶峰。

1971年3月，巴中央政府开始对东巴进行军事镇压，东巴的法律制度和社会秩序失去控制，大批难民开始源源不断地逃往印度，对印度的经济和社会环境造成很大影响。在东西巴产生国内纷争之际，美国宣布决定停止对巴基斯坦的援助（其实援助一直继续），苏

---

① 1970年巴基斯坦大选，在东巴有广泛群众基础的"人民联盟"以穆吉布·拉赫曼为首获得胜利，在国民议会中占多数席位。他于此次议会大党提出的《六点纲领》主张东巴自治，遭到巴中央政府的拒绝。这一分歧使巴国内政治局势日益紧张。

联也公开呼呼叶海亚尽快结束在东巴的镇压。尽管如此，随着难民的继续流入印度，巴基斯坦在国际上日益被孤立。面对当时一边倒的国际形势，印度意识到这是一次难得的削弱巴基斯坦的机会。因此，印度政府利用难民问题干涉巴基斯坦的内战。虽然印度取得众多国家的支持和同情，但是印度依然有所担忧。为了使武力干涉顺利进行，印度希望获得苏联的强有力支持，并于8月9日与苏联签订《和平友好合作条约》。① 此条约的签定既表明这次战争得到苏联的积极配合，又限制了美国等西方国家的干涉行动。印度已做好战事准备，在得到国际舆论支持以及与苏联签订条约后，印度下决心出兵干涉巴东西之争。

三、第三次印巴战争

印度决定以战争手段支持东巴独立。1971年11月21日，印军在苏联的支持下，大举入侵东巴基斯坦边界。至此，第三次印巴战争全面爆发。战争在东巴和西巴两个战场展开。印度的战略企图是"东攻西守"以夺占东巴为最终目标。巴基斯坦的战略指导方针则是全力固守各战略要地，以此粉碎印军的突击行动。

印军准备完成对达卡的合围攻击作战。达卡是东巴的政治、经济、文化中心，也是印军确定的最终攻占目标。1971年12月11日，印军各部队竞相向达卡进发，都想抢头功。印军动用了几乎所有的直升机和船只，运载人员、枪炮和坦克，越过河流障碍，

---

① 苏印和平友好合作条约全称《苏维埃社会主义共和国联盟和印度共和国和平友好合作条约》，是苏联和印度缔结的具有军事性质的条约。1971年8月9日在印度新德里签订，同年8月18日生效，有效期20年，并可以顺延，每次5年。

向达卡逼近。为了加快挺进速度,印军甚至利用直升机运送地面部队进行"跳跃式"前进。12月11日晚8时,印军伞兵在达卡西北部实施空降,切断了巴军退路。到12月15日,印军地面部队已从东、北、西三面进抵达卡,空军和海军也对东巴实行了空中和海上封锁,切断了东巴与外界的联系。同时,印度还加强了对巴军的心理攻势。印度所有广播电台反复播放马内克肖将军给巴基斯坦人的一封劝降信,并在巴防区内空投了印有劝降信的传单。为加强心理攻势,印空军还加大了对巴基斯坦防御地区的打击力度,特别加强了对达卡城周围约32千米以内所有通道的攻击。达卡巴军在孤立无援、欲战不能、欲退不得的绝境下,于12月16日,宣布实行全线停火,向印军投降。至此,战争基本结束,印度取得这场战争的胜利。1972年1月孟加拉人民共和国成立。巴基斯坦总统佐勒菲卡尔·阿里·布托释放了被以"叛国罪"逮捕的东巴人民联盟领袖穆吉布·拉赫曼,后者就任孟加拉国第一任总统。

第三次印巴战争结束后,印度通过发动这场战争,将东巴基斯坦从巴基斯坦的版图上分离出去,成为独立主权的孟加拉国,解除了困扰印度多年的"东巴之忧"。这场不到一个月的战争将巴基斯坦一分为二,占全巴基斯坦人口56%,面积16%的东巴基斯坦成为一个独立的孟加拉国。印度肢解巴基斯坦的图谋得以实现。从此,南亚次大陆上各国力量对比发生明显的变化,被肢解后的巴基斯坦进一步拉大了与印度的实力差距。印度成为南亚唯一一个在经济上和军事上具有明显优势的地区大国。

巴基斯坦分裂与巴基斯坦的内部矛盾密切相关。由于历史和地理的原因,东西巴之间存在巨大的文化、种族和语言差异,这种差异为巴基斯坦埋下了分裂的种子。在巴基斯坦独立之后,巴基斯坦国家领导人在各个方面偏袒西巴的政策加剧了东西巴间的矛盾,招致东巴人的极大不满。1970年巴基斯坦的大选激发了东巴人的积怨,由此爆发了对中央政府的反叛。西巴中央政府的军队对东巴进行镇压,危机由此爆发,大量难民前往印度,印度借此危机进行干涉,最后导致印巴第三次战争。

西巴基斯坦的失败使之失去大面积肥沃的领土和大量人口,实力被严重削弱。印度通过对此次分裂危机的干涉,国际地位得到提高,成为南亚地区第一大国。巴基斯坦的分裂使南亚国际格局发生深刻变化,对南亚国际关系的发展有深远的影响。

第三节 经济发展时期

一、阿里·布托改革

1972年阿里·布托出任巴基斯坦最高领导人,刚刚经历了第三次印巴战争的巴基斯坦,遭受自独立以来最严重的的一次创伤。原本完整的国家领土被一分为二,被肢解后的巴基斯坦国家实力急剧下滑,失去近60%的人口、50%的外汇储备以及20%的税收,与印度的差距被进一步拉大,同时军事力量几乎被摧毁殆尽,国家内部人民气势低下、经济大萧条、灾民数量增多。政权刚刚交接,国内政治局势还处在动荡后的恢复期,纵观布托接手时的巴基斯坦国家情况,可谓百废待兴,一切都回到原点等待重新发展。

而国际局势同样堪忧,印巴战争结束后,印巴于1972年7月3

日签署了《印度政府和巴基斯坦政府双边关系协定》，又称《西姆拉协定》，① 这是印度对巴基斯坦在外交上的又一次胜利。在协定中，印度将克什米尔问题定义为印巴的双边问题，从根本上消除了国际社会协调解决克什米尔问题的可能。第三次印巴战争印度取得完胜，东巴的独立又一次拉大了印度与巴基斯坦的实力差距，战后的印度较之巴基斯坦有着极其明显的优势，其对巴越发虎视眈眈。这一时期，印度与美国关系变得冷淡，与苏联的关系升温。苏联也逐渐意识到南亚在冷战中占据的重要位置，其目光和经历较之以前更多地投入到南亚。而反观美国，在这一时期处于和苏联对峙的防守阶段，加之其自身之前在南亚过度消耗，此时已经无力再插手南亚事务。

表面上看，分裂后的巴基斯坦到了建国以来最困难的时刻，但事实上当时的形势对于巴基斯坦是利弊共存的。虽然东巴的分裂对巴基斯坦造成极大的伤害，但是在分裂之前，东巴在1970年巴基斯坦大选之后与西巴的矛盾已经到了无可调和的阶段，虽然其名义上还是一个国家，但已"貌合神离"，并且东巴领导人已经申请东巴独立自治。对于分裂问题，西巴虽然在失去了东巴的同时失去了相当一部分经济和资源，但是对其来说既是釜底抽薪，也是弃车保帅，这在当时形势下是最好的解决办法。由于印度的干涉，巴基斯坦根本无法凭借自身实力平定东巴混乱的局势，所以东巴独立对巴基斯坦而言无疑也是一种解脱。困扰着巴基斯坦的两地分区域治理问题迎刃而解，之前领土被印度隔开，东巴西巴交流中一直面临着印度

---

① 1972年6月28日至7月2日印度总理和巴基斯坦总统在印度西姆拉举行会谈，7月2日签署本协定。7月15日和7月25日巴国民议会和印内阁分别批准生效。

的威胁，如今东巴独立，西巴可以更加专心地处理自己的问题而不用担心可能面对的双线作战。东巴分裂之后，西巴的政权到达一个前所未有的集中程度。布托领导的人民党真正做到一家独大，政权稳固。在国际上，独立后的孟加拉国并没有如印度所预期的那样听话，而是坚持着自己的外交理念，这使得印度原来打算将孟加拉国拉入自己阵营对抗巴基斯坦的如意算盘落空。这种南亚国际形势使巴基斯坦的外交压力大大减轻。同时，中国的发展壮大给予了巴基斯坦足够的信心，在布托掌权之后，巴基斯坦的外交策略与以前相比变得越发明朗。虽然表面上看来布托接手是一个刚刚经历战火摧残、千疮百孔的巴基斯坦，但是深入分析之后可以看出，看似对巴基斯坦伤筋动骨的打击，却恰巧将制约其发展的不利条件彻底斩除，虽然国家元气大伤、百废待兴，但却从内部根除了东西巴的分歧，外部国际形势又愈加明朗，巴基斯坦的未来是值得期待的，佐勒菲卡尔·阿里·布托正是在这种情况下接任了巴基斯坦最高领导人一职，开始了他对巴基斯坦大刀阔斧的改革。

由于在西方国家学习和生活过多年，阿里·布托上台之后，决意在巴基斯坦实行类似西方的民主改革。在他的推动下，1973年巴基斯坦颁布了新的宪法，规定了公民的基本人权，禁止种族和教派歧视等，改总统制为议会制政体，并通过国会选举，就任内阁总理，组成人民党政府，掌握实权。布托提出在巴基斯坦实行"伊斯兰社会主义"的目标，主张"给人民面包、衣服和住房"，决心在平等的口号下在全国实行激进的社会经济改革。他认为，巴基斯坦当时的主要经济命脉控制在22个大家族手里，他们的垄断和剥削阻碍了工商业经济的发展，造成人们的贫困。因此，他便从1972年开始推行"国有化"政策，把银行、保险、交通运输、矿业、电力、化工、机械等10个部门的工厂企业通过赎买收为国有，在一定程度上限制了大资产阶级的发展。外交方面，布托是个民族主义者。他在外交政策方面基本上坚持了独立自主的立场，为维护巴基斯坦的民族独立、国家主权和领土完整，进行了坚持不懈地斗争。他坚决顶住外来压力，坚持克什米尔人民自决的立场，毅然宣布退出英联邦，以示对其在关键时刻未支持巴基斯坦的态度表示不满。1972年11月，他决定退出东南亚条约组织，发展同第三世界国家，特别是伊斯兰国家的关系。他于1974年2月下旬作为东道国的政府首脑，积极筹备并主持了第二届伊斯兰国家首脑会议，发表了《拉合尔宣言》，强调伊斯兰国家的团结合作和保证支持阿拉伯人民的正义事业。布托开展了大量国际活动，一定程度上维护了巴基斯坦的民族尊严，增强了其国际地位。1975年他热情接待了来访的罗马尼亚总统齐奥塞斯库，争取第三世界的支持。

  布托在执政的五年内，两次实行土地改革，限制大地主占有大量土地，使无地少地农民有地耕种，以促进农业生产。布托政府1972年颁布的土改法规定占有土地的最高限额，灌溉地不得超过约60万平方米，旱地不得超过约120万平方米。1975年土改时又进一步将限额降低，规定灌溉地不得超过约40万平方米，旱地不得超过约80万平方米。超过限额的土地由政府付给补偿费后分给无地少地农民耕种。为推行土地改革，布托不惜拿自己开刀，他在议会的一次讲话深深地感动了议员们，"最近3个月来，我推行的土地改革，使我的家庭失去了182平方千米的土地。但这样的改革还将继续下去，我的家庭还将继续失去土地，直到农户都有自己的土地为止。"

  布托政府的社会经济政策，一定程度上反映出中小资产阶级和农民的要求，获得了他们的拥护和支持，但遭到大资产阶级和大地主的反对。地主都采用将土地划小然后分别列入家族其他成员名下的办法，逃避国家对其超额土地的征收，因而土改很不彻底，只有极小部分农民分到土地。在国有化过程中，资本家纷纷把资金转移到国外，而政府官员对企业经营管理不善，生产反受影响。而且，巴基斯坦是一个教权根植很深的伊斯兰国家，布托的世俗化乃至西方化的改革，显得有些不合国情。在布托执政的1970—1977年期间，巴基斯坦年平均国内生产总值增长仅为4.4%，甚至低于上一个10年间，即阿尤布·汗执政时第二、第三个五年计划时期国内生产总值的6.8%、6.7%。经济的停滞使得反对派趁机崛起，布托政权开始不稳定，最终他眼中的"自己人"——陆军总参谋长齐亚·哈克发动政变，处死了布托。布托当政时期，巴基斯坦的国内经济局势并未得到好转，但由于布托出色的外交能力和得当的外交政策，巴基斯坦的外交地位和国际声誉在第三世界和伊斯兰国家得到极大提高，中巴关系也是在布托执政时期进入了黄金期。

二、军人治国

1977年7月5日，穆罕默德·齐亚·哈克发动政变推翻阿里·布托政府，自任军事管制首席执行官和军事委员会主席。1978年9月接任总统。1980年宣布巴基斯坦经济伊斯兰化的三年计划，巴基斯坦国民经济进入快速发展时期，在齐亚·哈克当政的11年中，他大力发展国内生产，促进国际贸易。在其治理下，巴基斯坦经济有了较大的发展，国民经济平均增长率为63%，年人均收入达390美元，居南亚各国之首。

齐亚·哈克的改革和布托不同，他在政治上极力主张建立适合巴基斯坦国情的政治制度，反对生搬硬套地在巴基斯坦搞西方议会民主，为巴基斯坦民主进程提供了经验。他说："我国的条件与西方国家不同，我们不能一味地热衷于西方民主制，美国和英国需要的东西与我国的需要完全不同。世界上有许多国家民主制的概念与西方民主制概念大相径庭，而这些国家的制度运行地照样令人满意。"齐亚·哈克还力主总理与总统平权，说："美国总统制赋予总统全权，英国赋予总理（首相）全权，而我们则需要使总统和总理的权力分配平衡，所以对1973年的宪法进行了修改"，因而"你们今天的总统既不是阿尤布·汗总统，也不是法兹尔·伊拉希·乔杜里总统"。在这种思想的指导下，齐亚·哈克进行了民主治理国家的计划，将军政府执掌国家的状态和平移交给通过大选建立的文官政府。为了尽快解决苏联的军事威胁，他在对内政策上，致力于国内政局的稳定，并采取了一些措施。他与巴基斯坦各主要政党领导人进行对话，还召开"全国讨论会"和"国民大会"，许诺扩大民主范围，增强政府的代表性。从1977年2月开始，齐亚·哈克亲赴巴基斯坦各地活动，联系西北边省和俾路支省各族人士，防止民族分裂主义者的破坏。

在文化上，为争取国内宗教势力和各伊斯兰国家的支持，齐亚·哈克政府还拟加速推行地方政权的伊斯兰化，进而建立政教合一的伊斯兰共和国。齐亚·哈克本人熟读伊斯兰经典文学作品，并能讲阿拉伯语，每天坚持五番拜功，是位虔诚的穆斯林。在他的主持下，巴基斯坦伊斯兰化有很大进展，专门成立了"伊斯兰体系委员会"，成为政府制定方针政策的最高咨询机构。除国家正规的各级法院外，还成立"伊斯兰法院"，专门复审国家法院审理的案件，以监督司法部门不要背离伊斯兰教的原则。齐亚·哈克总统不仅重视文化教育，而且特别重视宗教教育。设在伊斯兰堡的国际伊斯兰大学，有近2000名学生，来自很多国家，从基础教育开始，直到中学和大学。大学设有经籍学院（专门学习伊斯兰经典文学作品）、教法学院、伊斯兰哲学院，以及专门培养"伊玛目"和"噶勒"①的学院。

在经济上，齐亚·哈克强调巴基斯坦发展经济必须走自力更生的道路。与前任布托相反，齐亚·哈克主张巴基斯坦将执行"非国有化"政策，鼓励私人资本增加投资，发展生产。1978年，他颁布了第一次工业政策《接管企业转移法》《保护工业产权法》，规定私营部门可以在公营控制和管理之外的领域内投资。1980年，巴基斯坦实现粮食自给并在随后的1984年颁布第二次工业政策②和1987年颁布第三次工业政策③。

在外交上，齐亚·哈克奉行不结盟政策。他认为，为维护国家的安全和世界和平，巴基斯坦愿同一切国家友好相处，不愿卷入超级大国的角逐。他强调不结盟运动是一股新兴力量，在世界上举足轻重。他积极发展与伊斯兰国家之间的友好合作，主张建立四个和平区，④表示支持巴勒斯坦、南部非洲等地人民的斗争。在当时美办关系上，齐亚·哈克一方面认为美国是巴基斯坦的老朋友，希望美国多参与南亚事务。苏联入侵阿富汗后，他一再呼吁美国要恢复其在亚洲与苏联抗衡的作用，对美国的软弱犹豫表示失望。另一方面，他认为苏联是超级大国，巴基斯坦必须面对现实与苏联共处。他说

---

① 吟诵伊斯兰经典文学作品的专家。
② 钢、化、水、石油、汽车设备等。
③ 撤销11类特殊行业，新进企业不再审批，为私营建厂简化程序。
④ 即南亚、非洲、中东和东盟国家所在地区。

这就像巴基斯坦一句俗语讲的："既然在海中生活，就得学会同鲸鱼来往。"苏联入侵阿富汗后，齐亚·哈克曾谴责苏联此举"严重违背和平共处原则"，是"赤裸裸的侵略"，要求苏军撤出阿富汗。他强调南亚地区的格局已发生质变，巴基斯坦成了新的缓冲国，声称如果苏军越过边界进入巴境，这就意味着战争，届时巴基斯坦将不惜任何代价来保卫国家独立和领土完整；同时强调"要寻求同苏联建立互相信任的关系"，"以政治关系来补充军事上的不足"。

齐亚·哈克执政期间，国家权力高度集中在其控制的军政府手中，各项改革发展措施得以有效执行，成为20世纪下半叶巴基斯坦经济发展最快的时期。然而齐亚·哈克的高压军政府统治模式也导致他拥有众多的政敌和反抗力量，在他死后，这个国家再一次陷入党派之争和宗教冲突的局面。

三、政坛交替

齐亚·哈克于1988年8月因空难身亡，阿里·布托的长女贝·布托于1988—1990年和1993—1997年两度出任巴基斯坦总理。在这段时期内，她与人民党对立面的穆斯林联盟（谢里夫派）关于政治权利的斗争始终没有停歇（该阶段其余时间由谢里夫担任总理）。名门之后的贝布托成为首个伊斯兰国家女性领导人后，维护国内安定团结和克服经济困难，特别是庞大的财政赤字是她的当务之急。贝·布托充分认识到这一点，她的新政府政策既有连续性，又有革新和变化。在内政方面，新政府强调恢复民主，贝·布托恢复工会和学生会的活动，取消新闻审查，释放政治犯并对犯人实行减刑。她仍高度重视伊斯兰教，但不会像齐亚·哈克那样推行全盘伊斯兰化，还废除了歧视妇女的法律。在经济方面，新政府努力实现竞选诺言，把解决人民的吃、穿、住放在首位，增加就业，推行义务教育，扫除文盲。她对现行的开放和市场经济政策没有做重大改变。1988年11月，国际货币基金组织向巴基斯坦提供83亿美元的贷款，作为条件，巴基斯坦同意实行为期4年的"结构型调整方案"，进一步推进经济的自由化和私有化。外交方面，她积极解决当时最大的外交课题阿富汗问题，遵守《日内瓦协议》，寻求政治解决。她保留了雅各布·汗的外交部长职务，在《西姆拉协定》基础上改善同印度的关系，强调巴印关系应建立在公正、平等的基础上。

1990年纳瓦兹·谢里夫担任总理后，以一个新兴城市企业家的形象出现，推行了行之有效的经济改革措施，取消了对私有化的限制，因而受到工商企业实业家和中产阶级的青睐。3年后，贝·布托再次当选总理。然而，由于历任国家都将重心放在两派的政治斗争上，国民经济发展得一般，国家政治腐败现象严重，五大问题困扰着当时的巴基斯坦。第一，是基础工业、能源、交通运输业发展缓慢，构成国民经济发展的瓶颈。第二，农业减产直接影响了巴基斯坦的财政平衡。且由于政府没有给农业以应有的优先发展政策和倾斜性保护措施，加之严重水灾，1992—1993年度农业减产约4%，棉花、稻米、甘蔗生产的损失尤其严重。由于贝·布托领导的人民党的主要权力基础在农村地区，农业能否尽快恢复发展，对其政权巩固关系很大。第三，外贸出口呈现萎缩状态。1992—1993年度出口额为63.18亿美元，比1991—1992年度的69.04亿美元下降了1.3%。除农业减产原因以外，皮革业、羊毛及毛纺织业中的主要创汇产品也有大幅度下降趋势，原因在于质量不高，难以占领国际市场。第四，家族垄断、军队和政府官员中的特权和腐败现象等政治弊端，也对经济发展构成严重阻碍。国有企业长期以来效率不高，而私有化过程中偷税漏税现象十分普遍。巴1.2亿人口中，只有100万人纳税。第五，由于同印度的紧张关系，巴基斯坦不得不维持庞大的军费开支。巴国防预算一直占政府开支的1/3以上，是国民经济发展的沉重负担。巴1993—1994年度的国防预算占巴国内生产总值的6.1%，占联邦收入的44.5%（非官方的估计高于这一数字）。

政局动荡，经济衰退，使国内社会不安定因素有所增加。人口增长失控不仅大大妨碍了巴基斯坦人民生活的提高，而且产生许多结构性的社会问题。人口飞速增长，给社会带来难以承受的负担。医疗、卫生、教育、住房、养老、就业等一系列问题困扰着政府。在当时，不满15周岁的未成年人占人口总数的45%，文盲率高达65%。这种人口结构造成家庭负担过重、劳动力素质低、就业率低、犯罪率不断升高等问题。国有企业的私有化，以及对外国投资的限制和进口限制的放松、减少对国有企业的补贴等是这段时期巴基斯坦经济发展良好的方面。西方经济界认为，巴基斯坦投资环境在这段时间有了引人注目的改善，外资开始涌入，世界银行及国际货币基金组织同巴签订了15.5亿美元的贷款协议，另外还就建立两个大的水电项目达成投资协议。1993年，巴基斯坦成为东盟的部门对话伙伴国。1997年11月，东盟—巴基斯坦部门对话伙伴关系成立大会在巴基斯坦首都伊斯兰堡举行，双方确定在贸易、投资、工业、环境、信息技术、旅游等方面加强双边合作。

在贝·布托和谢里夫交替执政期间，腐败一直是困扰两位领导人的持续不断的烦恼，国家行政效率低下，双方将重心都集中在党派、家族、宗教的斗争中，巴基斯坦也因此错过20世纪末第三次信息革命的发展机会。

四、灾难中前行

对巴基斯坦的国际影响力来说，1998年是重要的一年，在这一年巴基斯坦进行了核试验，成功试射5枚核弹头，成为事实上的核国家。巴基斯坦核计划始于20世纪60年代，巴基斯坦内部一直有主张发展核武器的一派和不主张发展核武器的一派。佐勒菲卡尔·阿里·布托是前者的主要代表人物。1964年，印度建设核燃料后处理厂，这在巴基斯坦政府内部引发是否应选择核武器的辩论。1965年，时任巴基斯坦原子能部部长的布托公开发表声明："如果印度拥有了原子弹，我们就算是吃树皮、草根甚至是挨饿也要拥有我们自己的原子弹，我们别无选择。"但时任巴基斯坦总统的阿尤布·汗等军方领导人认为，巴基斯坦通过与西方结盟和常规武器现代化就能保证安全，因此对核武器没有表现出很大兴趣。阿尤布·汗以国家经济承担不了为由，拒绝了布托提出的在巴基斯坦建设钚后处理厂的建议。1971年，巴基斯坦在印巴战争中失利，东巴脱离巴基斯坦独立。这对巴基斯坦公众的民族自尊心是一个深刻的伤害，对巴基斯坦精英阶层的核观念也产生了重大影响，使其转而支持发展核武器。阿里·布托出任巴基斯坦总理后，大力推动核计划从民用向军事方向转变。1972年1月，巴基斯坦政府在木尔坦举行会议，做出将核计划转为军用的决定。由于对印度发展核武器感到担忧，在印度以歧视性为由拒签《不扩散核武器条约》[①]后，巴基斯坦也拒绝签署该条约，这使巴基斯坦保留了核武器的选择权。1974年5月18日，印度进行了自称是"和平核爆炸"的首次核试验。这引起了巴基斯坦发展核武器的紧迫感。1975年阿卜杜勒·卡迪尔·汗博士从荷兰回国，从欧洲的全球第二大核原料制造商欧洲铀浓缩公司带回相关的技术、设计图纸和供应商网络。1976年，他牵头组建了可汗研究实验室。该实验室是巴基斯坦自己建造的，因此不受国际原子能机构的保障监督。巴基斯坦政府还通过各种途径进口核原料和离心机部件。可汗研究实验室1984年开始进行铀浓缩试验，1986年生产出浓缩铀。到1991年，该实验室离心机级联数量达到3000台。在美国的压力下，巴基斯坦与美国于1988年曾达成非正式协议，巴基斯坦同意暂停生产武器级浓缩铀，[②]只生产低度浓铀。但1998年巴基斯坦核试验后，卡迪尔·汗博士声称巴在20世纪八九十年代从未停止生产武器级高度浓铀。此外，巴基斯坦也具有生产武器级钚的能力。巴基斯坦从20世纪80年代中期开始自行建造位于旁遮普省胡沙布的坎杜型重水堆，1996年完工，1998年4月开始运行。该反应堆不受国际原子能机构监督，可用来生产钚和氚。

1998年5月印度进行五次核试验后，巴基斯坦为了与之抗衡，分别于5月28日和30日在俾路支省查盖地区进行了五次核试验和

[①] 《不扩散核武器条约》又称《防止核扩散条约》或《核不扩散条约》，于1968年7月1日分别在华盛顿、莫斯科、伦敦开放签字，当时有59个国家签约加入。该条约的宗旨是防止核扩散，推动核裁军和促进和平利用核能的国际合作。该条约于1970年3月正式生效，截至2003年1月，条约缔约国共有186个。

[②] 铀是存在于自然界中的一种稀有化学元素，具有放射性。根据国际原子能机构的定义，丰度为3%的铀235为核电站发电用低浓缩铀，铀235丰度大于80%的铀为高浓缩铀，其中丰度大于90%的称为武器级高浓缩铀，主要用于制造核武器。

一次核试验。巴基斯坦政府宣布,这前五次核试验的爆炸当量是在3万—4万吨之间,最后一次核试验的爆炸当量为1.8万吨。但国际地震监测网5月28日只测到一个大信号和一个小信号,认为能够确认这两次是不到1.5万吨级的核爆炸。美国情报机构测出5月30日核试验的爆炸当量为2000吨。此后,巴基斯坦逐步将其核能力武器化并部署核武器。1999年11月,巴基斯坦外长全面阐述了巴基斯坦的核武器政策。他说,最低核威慑能力仍然是巴基斯坦核战略的指导原则。"为保证核威慑力的抗打击性和可信性,巴基斯坦将不得不维持和提高其核能力。"巴基斯坦为了抗衡印度的常规军事力量优势,认为它将在必要时首先使用核武器。

拥有了核武器使得巴基斯坦有了抗衡印度的资本,但也受到以美国为首的世界的制裁。巴国内经济发展水平并没有得到提高,国民贫困率继续上升,成为新时期下孕育恐怖主义活动的温床,核武器并没有给巴基斯坦人民带来和平与宁静,自2001年第二次阿富汗战争以来,自然灾害和极端恐怖活动一直困扰着巴基斯坦的发展。

(一) 自然灾害

据巴基斯坦《论坛快报》2016年报道,英国风险咨询公司维里斯克-梅普尔克罗夫特最新评估显示,由于管理低效、腐败及基础设施落后等原因,巴基斯坦在全球最易受自然灾害影响国家中位列第七,约有70%的人口(1.36亿)受到自然灾害影响,其中近1000万人口受洪灾威胁。巴基斯坦严重的自然灾难一直是该国人民和政府头疼的大事。2005年10月8日,巴基斯坦西北边境省和巴控克什米尔等地发生里氏7.6级地震。这场后人称为南亚大地震的天灾中至少7.3万人死亡,近7万人重伤,350万人流离失所。死亡者中，1300余人为印控克什米尔地区居民，其余皆为巴基斯坦和巴控克什米尔地区居民。2010年7月21日，巴基斯坦北边境省3个村庄于20日夜间被暴雨引发的洪水冲毁，死亡人数估算超过100人。20日夜间，西北边境省的3个村庄遭到雷击。随后，这一带普降暴雨，并引发洪水，这3个村庄有9间房屋被大水冲走。此后，各地持续普降暴雨，截至8月7日，巴基斯坦全国因洪水受灾人数已达1200万人，超过1600人罹难。巴当局下令疏散50万民众。洪水在8月30日袭击卡雷杰马利和贾蒂两个小镇，随后在肆虐5周之后汇入阿拉伯海。在这场举国灾难中，1/5的巴基斯坦领土遭灾，16万平方公里土地被淹，大致相当于整个英格兰的面积。洪水还造成1万多个村庄、90多万间民宅被毁。部分洪涝灾区暴发疫情，洪涝灾区至少有3.6万多人感染了急性水样腹泻，有些灾民甚至感染了霍乱。当时的巴基斯坦总统扎尔达里警告说，要从此次毁灭性的洪灾中恢复过来，需要数年时间。扎尔达里表示，"3年是最短期限"。2010年8月初洪灾蔓延时，扎尔达里因在国外进行访问而没有回国亲自监督救灾工作，受到广泛批评，民众怨声载道。扎尔达里在英国伯明翰巴基斯坦裔社区访问时，遭到抗议。一名老年妇女趁他发表讲话时，朝他的方向投掷鞋子。2010年8月12日，扎尔达里结束访外行程回国并抵达受灾最严重的信德省苏库尔市视察。这是该国洪灾暴发以来，扎尔达里首次来到灾区。虽然当局竭尽全力实施救援，但部分愤怒的灾民认为，没有人管他们的死活，他们没有接受应有的援助。因此，有人用石头筑起路障抗议，并抨击政府救灾缓慢，政府公信力进一步降低。2015年7月22日，巴基斯坦西南部俾路支省胡兹达尔地区再次发生洪水灾害，有1648座房屋被冲毁，451个村落遭到破坏，大量农田被洪水淹没，69人遇难，近30万人受洪灾影响。

（二）极端恐怖活动

自21世纪以来，巴基斯坦成为世界上恐怖主义袭击发生最频繁的国家和地区之一，战争和恐怖主义袭击成为巴基斯坦不能摆脱的梦魇。巴基斯坦恐怖主义活动自2009年以来虽逐年递减，但2013年又有所回升，且破坏性日益增大，恐怖活动范围逐步扩散，恐怖袭击伤亡主体平民化，袭击活动频繁，袭击手段多样化、科技化，其根源由巴内外因素综合作用所致。从内部因素看，巴安全部队近年加大军事打击力度，虽对恐怖分子起到一定的削弱和威慑作用，但由于过多强调军事手段，导致恐怖活动分散化。从外部因素看，美国的无人机打击行动对清除恐怖分子头目效果虽明显，却成了恐怖分子制造恐怖活动的重大诱因之一。未来巴安全局势不容乐观，恐怖主义将继续成为困扰巴安全的首要难题。2007年，巴基斯坦政坛大洗牌，政局动荡不安。巴基斯坦前总理、人民党主席贝·布托12月27日参加竞选集会时遇刺身亡。遇刺不久后，"基地"组织公开宣称对此次事件负责。此后几年中，巴基斯坦每年的恐怖主义袭击数以千计，几乎每天发生几起。据巴基斯坦国土安全部的数据显示，2008年袭击次数为2148次，死亡人数2267人，受伤4568人；2009年2586次，3021人死亡，7334人受伤；2010年2113次，2913人死亡，5824人受伤；2011年1966次，2391人死亡，4389人受伤。巴基斯坦恐怖事件的制造者主要有三类：恐怖分子、叛乱分子和暴力宗派主义者。其中，巴基斯坦塔利班组织依然是巴国内发动恐怖袭击的"主力军"，是影响巴国内安全局势的最主要因素。仅2013年巴塔就制造了645起恐怖袭击事件，造成1157人死亡。尽管2009年以来巴国内恐怖袭击事件逐年递减（2013年除外），但伤亡人数并未明显减少，原因主要在于恐怖活动的破坏性在不断加大，每次造成的人员伤亡规模都有所增加。以 2012 年为例，全年死亡 10 人以上的恐怖袭击至少 17 次，几乎每月有较大恐怖袭击事件发生。近年伤亡人数超过 100 人的国际恐怖袭击事件逐年递增，这一趋势在巴基斯坦表现尤其明显。另外，恐怖活动区域由点带面呈扩散化态势。从活动范围看，巴国内恐怖活动主要集中在三个区域：俾路支斯坦、联邦直辖部落区、开伯尔—普赫图赫瓦省（西北边境省）。在 2011 年发生的 1966 起恐怖袭击事件中，有 675 起发生在联邦直辖部落区，640 起和 512 起分别发生在俾路支斯坦与西北边境省；2012 年的 1577 起恐怖事件有 474 起发生在俾路支斯坦，456 起和 388 起分别发生在西北边境省和联邦直辖部落区。社会影响也将进一步扩大。此外，恐怖袭击伤亡主体日趋平民化，袭击活动更加频繁。巴恐怖袭击对象虽主要为军政官员、政府工作人员以及部落首领及其家属等，但从恐怖事件所造成伤亡人员的构成看，平民仍占主体，所造成的平民伤亡甚至超过其邻国阿富汗。仅在 2013 年 5 月，巴国内恐怖袭击共造成 549 人死亡，其中伤亡者大部分是平民，共有 283 人死亡，而安全部队与恐怖分子死亡人数分别为 81 人和 185 人，平民死亡率占 52%。

造成巴基斯坦恐怖活动新趋势的原因很复杂，既有巴国内因素，又有来自美国的外在因素。首先，巴基斯坦国内经济落后是滋生恐怖主义的重要因素，同时一些地方政府与党派的双重反恐政策则使恐怖主义难以得到有效根除。其次，巴加强军事反恐力度有效抑制了恐怖主义发展势头，但也引发恐怖主义的局部反弹。如 2009 年是巴国内有史以来恐怖袭击事件最多的年份，伤亡人数创历史之最，主要原因是巴国内恐怖分子出于对巴军方在南瓦济里斯坦和斯瓦特这两个地区实施军事打击行动后的报复性回击。最后，美国无人机反恐行动产生双重效应。美国在巴反恐行动中的双重作用集中体现于其在巴境内的无人机袭击问题上，虽然无人机精准地杀击了部分高级恐怖分子头目，但也造成大量平民的伤亡。

第二章 巴基斯坦的政治

第一节 巴基斯坦的国体

一、国体的含义

国体是指一个国家的性质,也称国家的阶级本质。具体来说,就是社会各阶级在国家中所处的地位。统治阶级的性质决定着国家的性质。[①]

国体即国家的阶级本质,它是由社会各阶级、阶层在国家中的地位所反映出来的国家的根本属性。它包括两个方面:一是各阶级、各阶层在国家中所处的统治与被统治地位;二是各阶级、阶层在统治集团内部所处的领导与被领导地位。

二、巴基斯坦的国体

巴基斯坦的宪法规定:巴基斯坦是英联邦的一个伊斯兰共和国,

---

① 参见:《巴基斯坦国家概况》,中华人民共和国外交部。

实行联邦制和代议制。

第一次世界大战后,英国势力遭到削弱,各殖民地人民纷纷要求独立,民族解放运动兴起,本土与自治领之间的矛盾也日益加剧,殖民体系渐趋瓦解。为挽救颓势,1926年,英国被迫承认自治领在内政外交方面的独立地位。自治领与宗主国①以"共同忠于(英国)国王"而组成英联邦,双方权利平等,互不隶属。1931年,英国议会通过《威斯敏斯特法案》,② 批准上述决议,确定各英属自治领都获得完全独立的主权,大英帝国名存实亡,英联邦正式形成。

因为巴基斯坦曾是英属印度的一部分,1947年独立,所以巴基斯坦也是英联邦成员,属于联邦制。

巴基斯坦议会实行两院制,由国民议会(下院)和参议院(上院)组成联邦立法机构。国民议会经普选产生,参议院按每省议席均等的原则,由省议会和国民议会遴选产生。

第二节 巴基斯坦的政体

一、政体的含义

政体是指拥有国家主权的统治阶级实现其意志的宏观架构,即统治阶级采取什么形式组织自己的政权。政体由国体所决定,与国

---

① 自治领是大英帝国殖民地制度下一个特殊的国家体制,是殖民地走向独立的最后一步,除内政自治外,自治领还有自己的贸易政策、有限的自主外交政策,也有自己的军队,但英国政府才有宣战权。宗主国指对殖民地、半殖民地等附属国家进行统治、剥削和压迫的国家。

② 1931年12月11日,英国会制定了英联邦宪章,即《威斯敏斯特法案》。该法案规定:白种人统治的自治领加拿大、澳大利亚、新西兰、南非与英国组成英联邦;自治领是"独立和平等的主权国,共同拥戴英王为国家元首"。自此,英帝国对自治领的政治控制已遭到削弱。

体相适应。因为具体的情况不同，国体相同的国家，可以有不同的政体。如科学社会主义国家的国体都是无产阶级专政，政体则可以是苏维埃制、人民代表大会制等不同的形式。中华人民共和国的政体是人民代表大会制，这也是其根本政治制度。

二、议会制共和制的含义

议会共和制是指议会居于国家的政治中心地位并由议会组织政府和监督政府的一种政体形式。在这种制度下，内阁的权力减弱，其权力不仅受到宪法的限制，而且受议会制定的法律以及议会的限制。

议会共和制是资本主义国家议会的一种形式。选举产生的总统作为国家元首，以议会作为国家政治活动中心，内阁由议会产生并向议会负责的国家政权组织形式。议会共和制的主要特点：总统虽然是由选举产生并有一定任期，但其地位是"虚"位元首；内阁由议会产生并向议会负责，掌握国家行政权力。

国家元首都是虚位，内阁必须与议会保持某种协调关系。二者的不同之处是，君主一般是终身或世袭的，对自己行为不承担政治责任和法律责任，总统则由选举产生并规定了一定任期，由于总统拥有一定的政治权利，因此具有相应的政治责任。历史上法兰西第三、第四共和国及魏玛共和国[①]是实行议会共和制的典型。联邦德国、意大利、奥地利、印度、新加坡等国都曾采用过这种政权组织

---

① 魏玛共和国是指1918年至1933年间采用共和宪政政体的德国，于德意志帝国在第一次世界大战中战败、霍亨索伦王朝崩溃后成立。

形式。

议会共和制，国家的元首总统是通过选举产生的，如以色列。不过这些国家的总统有些具有某些实权，如巴基斯坦总统；有些是虚位的，礼仪上的，如印度总统。

简单来说，议会共和制中，议会的权力最大，政府首脑的人选是根据议会选举中占半数以上的政党或者政党联盟来决定的，就是这个政党的领导人。所以，议会除了是立法机构以外，还拥有权力罢免政府首脑。这样的国家有很多，如意大利、芬兰等。

三、巴基斯坦议会制的发展历程

（一）议会制的建立

巴基斯坦议会民主制的艰难建立。巴基斯坦原属英印殖民地，1947年根据蒙巴顿分治方案与印度分别成为英联邦的两个自治领。1947年8月11日，巴基斯坦制宪议会选举穆斯林联盟主席穆罕默德·阿里·真纳为制宪议会主席。8月14日巴基斯坦正式宣告独立，真纳成为巴基斯坦第一任总督，里阿夸特·阿里·汗为内阁总理。独立伊始，国父真纳及其同伴并没有为新国家的政治结构设计出一幅蓝图，他们为追求独立贡献了太多的精力和时间。因此，他们沿用了1935年印度政府法，为巴基斯坦选择了熟悉的议会制度。真纳计划用两年左右时间完成制宪，以确立议会制度。但是议会民主制度的建立在巴基斯坦并不顺利，制宪过程历经波折。1948年9月11日真纳病逝，新生的巴基斯坦制度建设在各派政治势力之间失去了一致的目标。1951年10月里阿夸特·阿里·汗被刺，巴基斯坦的政治危机加重了。巴基斯坦无一个公认的有声望的领导人，各种政治势力竞相争斗，政府更迭，政局动荡。

1955年6月，各省立法机构选举产生了第二个制宪议会，恢复了制宪工作。在总理穆罕默德·阿里·波格拉的积极努力下，制宪议会工作取得重大进展，终于在1956年2月29日制定出巴基斯坦第一部宪法。宪法规定巴基斯坦是英联邦的一个伊斯兰共和国，实行联邦制和代议制[①]。

（二）议会制的波动与发展

1956年3月宪法生效后，因为遭到反对派的强烈反对，未能有效实施，巴基斯坦的议会民主制度并未得到稳固和正常运行。国内政治混乱，政局不稳，政府更迭频繁，仅在1956年3月至1958年10月的两年半时间里，巴基斯坦就两易总统，五易总理。1958年10月7日，依斯坎德尔·米尔扎总统依赖陆军总司令阿尤布·汗的支持，宣布实行军事管制法。米尔扎指责政府无能，解散了中央和地方政府，取缔了所有政党，废除了宪法。可是时隔不久，米尔扎也被赶下总统宝座。1958年10月27日，阿尤布·汗推翻了米尔扎政权，并作为首席军法执行官接管了所有权力，开了巴军人执政的先河。从此，巴基斯坦议会民主制进入与军人统治反复较量和交替的三次循环。

第一次，从1958年10月阿尤布·汗将军上台至1977年7月佐·布托政府被推翻，这次交替虽然军人统治时间长达13年，民选政府只存在5年，但民选政府执政时期却是巴基斯坦议会民主制度

[①] 代议制是以议会为国家政治活动中心，由少数代表通过讨论或辩论进行主要立法和行政决策的政治制度和政权组织形式，亦称国会制。

的重要发展阶段，1973年的布托宪法完善了巴基斯坦议会制度。

第二次，从1977年7月齐亚·哈克将军实行军法管制至1999年10月民选政府再次被解散，22年中军人政权与民选政府各执政11年，内阁制政府对巴基斯坦议会制度巩固的最大成就是取消了总统解散议会的权力，恢复议会主权地位。

第三次，从1999年10月穆沙拉夫将军实行军管至今，巴基斯坦国内经历了穆斯林联盟谢里夫派执政时期，并在2018年中通过选举产生了正义运动党伊姆兰·汗政府。这两次相对顺利的巴基斯坦议会民主选举，显示巴议会制度开始进入有序运行时期。

（三）巴基斯坦议会制频繁波动的现实逻辑

1. 巴基斯坦的穆斯林民族立国理论

巴基斯坦立国基础是"两个民族"理论，即印度教徒与穆斯林是两个民族，穆斯林应该建立自己的国家。穆斯林与印度教徒之间历史上征服与反征服的战乱矛盾以及英国的殖民分化政策，使南亚穆斯林渴望建立自己的国家，但是1947年人为的割裂分治又使背井离乡的穆斯林难以找到归属感。因而，巴基斯坦议会民主制建立的基石有别于它模仿的对象——最早建立议会民主制的英美国家。英国素有"议会之母"[①]之称，13世纪在贵族与王权的斗争中产生了议会，此后议会即成为英国贵族和资产阶级反对专制王权的阵地。16世纪英国近代民族国家形成。17世纪英国资产阶级革命推翻了封建王朝，议会制的政体确立，议会成为国家的最高权力机关和最高

---

① 英国是世界上第一个建立议会制的国家，之后，美国、法国等一些国家都在资产阶级革命或改良运动后效仿英国建立了资本主义议会制度，因此英国被称为"议会之母"。

立法机关，英王成为虚位元首。与此同时，代议制理论在英国逐渐成熟，为议会民主制的发展和向外辐射提供了理论基础。17世纪英国资产阶级思想家约翰·洛克提出议会主权理论，强调议会在国家政权中的中心地位。19世纪英国资产阶级政治思想家约翰·密尔[①]提出代议制政府理论，完善了洛克的议会主权论。在《代议制政府》[②]这部著作中，密尔论证了有关代议制政府的一般原则及政府职能、组织等问题，认为代议制是民主制实行所需要的一个中介性原则，"一个完善政府的理想类型一定是代议制政府"。美国独立前是英属殖民地，独立之前，13个殖民地大多有议会机构。随着殖民地与宗主国之间矛盾的激化，美利坚民族形成。最后，北美殖民地通过独立战争推翻了英国殖民统治。美国摆脱英国的殖民统治，但并未完全抛弃英国的议会民主制度，经过变革，美国建立了适合自身的议会总统制共和体制。巴基斯坦与英美比较，没有议会传统，没有经过民主思想的启蒙，巴基斯坦建国不是反封建的资产阶级革命的必然产物，而作为立国基石的穆斯林又未能团结一致地认同国家，他们对伊斯兰的信仰代替了对国家的忠诚。议会民主制作为一种精英的选择，在巴基斯坦缺乏政治基础。

---

① 约翰·密尔（1806—1873年），19世纪英国著名哲学家、经济学家、逻辑学家、政治理论家，旧译穆勒，是西方近代自由主义最重要的代表人物之一。早在维多利亚时代，密尔就因其鲜明的自由主义立场以及对自由主义学说的清晰阐释而被称为"自由主义之圣"。密尔在自由主义发展史上的重要性在于，他第一次赋予自由主义完整而全面的理论形式，从心理学、认识论、历史观、伦理观等角度为当时已经达到黄金时期的自由主义提供了哲学基础。其父詹姆斯·密尔是边沁创立的哲学激进派重要人物。

② 《代议制政府》比较全面而系统地论述了资产阶级议会民主制的各种问题，使它无论在西方政治思想史上还是西方政治制度史上，都占有十分重要的位置，被西方学者公认为是一部有关议会民主制的经典著作。

2. 巴基斯坦内外矛盾错综复杂

巴基斯坦自建国以来，内外矛盾可谓复杂交错。巴国内至少有这样四对矛盾：宗教与世俗政体之争；不同宗教之间以及同一宗教内部的不同派别之争；中央与地方及地区与地区之间利益之争；传统与现代的矛盾。巴外部最棘手的问题包括与印度关系和美国关系的妥善处理。巴基斯坦的内外矛盾往往相互交织，造成政局不稳，议会制政体运行不稳甚至中断。与此同时，历届政府也为这些矛盾的解决耗费了大量精力而无暇再顾及制度建设。

3. 与议会制度紧密相连的选举制度和政党制度不完善

议会制度、选举制度和政党制度是西方民主制度的三大支柱，英美国家在议会制度发展过程中，选举制度随之改革，政党制度逐渐成熟，巴基斯坦的议会制度缺乏选举制度与政党制度的相伴发展。巴基斯坦选举制度存在的问题主要在于尚未完全制度化且流于形式。军人上台之初抛开民选，之后则为了执政的合法化和排除政敌而实行选举，但选举并不反映真实的民意。民选政府存在同样的情况，选举受到经济和政治精英的控制。政党制度在巴基斯坦不成熟不仅表现在军法统治时期禁止政党活动，而且主要在于巴尚未形成西方的一党制、两党制或多党制的政党制度类型，因而给政府组阁和政府稳定带来隐患。

4. 巴基斯坦军法统治的双重性

军法统治或军人政府在巴基斯坦累计30余年，严重阻碍了巴基斯坦议会民主制的进程。但是，军法统治为什么会出现并存在如此长时间，这是一个值得思考的问题。除了巴基斯坦军队自身是组织严密、力量强大的政治势力外，政府培植、利用其成为镇压、管理工具，也为军人干政创造条件。更独特的应该是巴基斯坦军法统治体现出的两重性，即军事管制性与民主合法性。回顾巴基斯坦曾经经历过的4次军人政权，我们似乎可以发现其有一个共同特点：在上台之初甚至于一段时间内实行军管或集权，但是一旦权力巩固，军人政权便开始制定宪法，承诺并进行选举，寻求权力合法化，使军人政权权力运行多少带有一些民主色彩。1958年上台的第一位将军阿尤布·汗实行基本民主制，实行总统选举，制定宪法。1969年接替阿尤布的第二位将军叶海亚·汗在1970年实行了选举，还打算制定一部扩大民主、分散权力的宪法。1977年7月5日，第三位将军齐亚·哈克接管布托政权，被认为在实现政治生活民主化方面做了许多工作，如修改1973年宪法，举行非政党选举。最后一位将军穆沙拉夫1999年10月上台，2002年通过全民公决当选总统，最终为了连任总统，不惜脱去军装，交出军权，回归平民身份。或许正是巴基斯坦军法统治的民主特色，使他们不同于完全的军人独裁体制，能够在巴存在较长时期，因而延缓了巴基斯坦议会民主制发展的进程。

（四）巴基斯坦内阁制的现状

内阁制是指总揽国家行政权力的内阁在议会的基础上产生，并对议会负责。由议会中占多数席位的政党或政党联盟的领袖担任内阁首脑，组织内阁。内阁受议会监督，议会对内阁不信任时，可以倒阁。在这种制度下，国家元首名义上代表国家，但是没有实际的行政权力。

巴基斯坦议会在宪法中被正式称"协商会议"，是巴基斯坦联邦最高立法机构，实行两院制，由总统及上下两院组成。下院称"国民议会"，上院称"参议院"，两院兼顾民主与共和原则。

总统是巴基斯坦国家元首和武装力量最高统帅，是国家统一的象征。宪法规定，总统应由一名年龄不低于45周岁、符合参选国民议会议员相关条件的穆斯林担任。总统由上下两院及各省议会组成的选举人团选举产生，任期5年，连选连任不得超过两届。当选总统后不得兼任国民议会或省议会议员。总统对任何法院、法庭或其他机构做出的判决具有缓、减、免、改等权力。联邦政府总理应就国家内政外交及拟向议会的提议与总统保持沟通，总统则应按总理建议行使其职权。不设副总统，当总统不能履行其职责时，由参议院主席、国民议会议长顺次代行总统之权。

国民议会即议会下院，是具有最高权力的立法机构，按照民主原则，体现人民意志。国民议会设有342个议席，其中有272个普选席位，有60席是面向妇女的保留席位，有10席是面向少数群体/非穆斯林的保留席位。除少数群体保留议席之外，国民议会共332个议席按人口比例分配给四省、联邦首都（伊斯兰堡）及联邦直辖部落区。普选席位按单一选区制选举产生，妇女保留席位按比例代表制根据各党派在国民议会各省选区中得票比例产生，少数群体保留席位按比例代表制根据各党派在整个国民议会中得票比例产生。国民议会议员任期5年。按议会内阁制，由国民议会选举产生总理，通常由多数党或多数党派联盟领袖出任。最大反对党或反对党派联盟推举1名议员为反对党领袖。同时，国民议会还选举产生1名议长及1名副议长。

参议院即议会上院，是常设立法机构，按照共和原则，体现联邦平等精神。设立参议院意在平衡国民议会中按人口多寡赋予各省代表权的差异。参议院设有104个议席，其中有66席是普选席位，有17席是面向包括宗教学者在内的技术官员的保留席位，有17席是面向妇女的保留席位，有4席是面向少数群体或非穆斯林的保留席位。议席平均分配给各省23席，其中普选席位14席、技术官员保留席位4席、妇女保留席位4席、少数群体保留席位1席；联邦首都设4席，其中普选席位2席，技术官员与妇女保留席位各1席；联邦直辖部落区设4席，皆为普选议席。分配给各省的议席由各省议会议员按照比例代表制，采取"单记可让渡投票"方式选举产生；联邦首都及联邦直辖部落区选举则另行安排。参议院议员任期为6年，但每3年改选一半议席。参议院选举产生1名主席和1名主席，任期皆为3年。

除财政问题外，议会两院共同行使立法权。一般而言，议会立法权限于联邦。在财政问题上，国民议会设公共账目委员会，专责政府公共支出及其审查事项。

在宪法规定的"联邦立法列表"范围内事项，经议会两院通过、总统批准便可成法。除修宪外，均采取简单多数表决；修宪则须获2/3以上多数通过。另外，要求出席会议的人数不得少于全体议员的1/4。议会任意一院均可提起法案，法案在两院均获多数通过后即可报告总统批准。若法案在一院中通过，而在另一院经修订后通过，则修正案须退回提起法案的前院，并经该院重议通过后可报告总统批准。若移交另一院的法案或退回重议的修正案遭否决或在90日内未获通过，应提起该案的议院要求，总统可召集两院联席会议，若该法案经联席会议通过或修订后通过，均可报总统批准。

某些情况下，议会立法权可以扩展至省。按宪法规定，经两省或以上同意并要求，议会可为该省立法。若联邦政府对某省份实行"紧急状态"，则该省立法权力转移至议会。紧急状态期间通过的法案，在紧急状态终止6个月后失去效力，但其间依据该法采取的措施仍旧有效。

议会另一项宪法职责是产生并监督联邦政府。联邦政府以总统名义行政，实际由总理领导内阁负责，总统按总理建议行使职权。

总统由议会两院与省议会共同选举产生。总理获国民议会多数票当选。总理从议会两院中提名内阁成员（即联邦部长）及国务部长，但其中来自参议院的部长不得超过1/4。内阁并国务部长共同向议会两院负责。

议会通过各委员会展开日常工作。国民议会中最重要的是监督政府的常设委员会，对应政府各部而设立，其委员从议员中选举产生。各常设委员会有权审查对应的政府各部及其下属机构的财政支出、行政管理、委托立法、政策措施等相关问题，并要求其做出回复。在国民议会中提起的法案也均交由相关常设委员会审议。另有5个常设委员会无对应政府部门，分别是公共账目委员会、政府保险委员会以及负责综合保障的商务顾问委员会、秘书局财政委员会及议会大楼与图书馆委员会。国民议会还可为某项法案成立专责委员会或为执行某项动议成立特别委员会。参议院中同样设有各类常设委员会、专责委员会等。委员也由选举产生，但参议院中的政府部长、顾问自动成为相关委员会委员。此外，为加强对重大问题的统筹协调，还设有跨两院的议会委员会。目前，共有5个议会委员会，分别负责国家选举委员会、人权委员会、妇女地位委员会委员的任命以及选举改革等工作。

当然，受历史、文化等因素影响，巴基斯坦议会体制运作中不平衡性突出，往往出现"赢家通吃"，缺乏"忠诚反对派"① 等问题。西方民主制度依赖于议会、选举和政党三大支柱，而借鉴西方民主制度的巴基斯坦议会制度在选举制度、政党制度上支撑力度不

---

① "忠诚的反对派"这一概念始于18世纪的英格兰，目的是让在野党能够发表自己的意见，但不必担心受到叛国罪的指控。

足,导致不平衡问题出现。

从议会选举结构上看,国民议会议席按各省人口比例分配,参议院则平均分配,无疑是为了兼顾联邦的民主与平等。但联邦各省不平衡问题过分突出是巴基斯坦的一大国情。国民议会方面,旁遮普省独占183席,占总议席的多数;信德省居次,占75席;开伯尔—普什图省占43席;俾路支省占17席。而参议院方面,各省平分23席。可以发现,议会体制中不仅一省独大,而且各省之间的差距悬殊,参议院的制衡作用受到限制。此外,巴基斯坦各省均由一个主体族群主导,也加剧了各省不平衡的固化和矛盾。

从政党政治上看,巴基斯坦独立以来始终未出现真正意义上的"全国性政党"。巴基斯坦国内各主要党派大多建立在某一省、某一族群的代表性上,从而出现两党独大的局面。如2018年新政府之前执政的穆斯林联盟(谢里夫派)的基本盘是旁遮普省和旁遮普人,巴基斯坦人民党的基本盘是信德省和信德人。当时的两党之所以能够在国家政治生活中发挥重要作用,其主要原因在于两党基本盘的优势。当然,过于依赖地域和族群优势盘的政党也很难成为能够从地方走向全国的全国性政党。

2018年7月,由巴基斯坦板球明星伊姆兰·汗[①]于1992年创立的正义运动党异军突起,一举击败了穆盟和人民党两大政党成为执政党,成为该党有史以来的最大成就之一,也打破了巴基斯坦国内长期两党独大的局面。从一定意义上说,这是巴基斯坦"草根"民

---

① 伊姆兰·汗出生于富裕之家,在英国接受良好的教育,从政之前曾是一名全国闻名的板球手。1992年时,伊姆兰·汗带领巴基斯坦国家板球队获得板球世界杯冠军(也是该国唯一一次)。退役后,伊姆兰·汗一方面致力于慈善事业,另一方面则组建正义运动党并走上了从政之路。

主的胜利。

因正义运动党具有明显的"草根性",其票仓主要是巴基斯坦的普通民众,且这些民众大多厌倦了穆盟(谢里夫派)和人民党两个"家族政党"交替执政的政治现状。因此,在20多年的时间,正义运动党从一个新成立的党派,历经4次全国国民议会选举,从连续惨败到一举夺得执政党资格。

第三节 巴基斯坦的国家结构形式

一、国家的结构形式的含义

国家结构也称国家结构形式,是国家政治制度的组成部分,是指根据一个国家内中央政权和地方政权之间,国家整体和部分之间的相互关系所采取的制度形式。国家结构的选择受制于经济、文化、传统、民族等一系列因素。一个国家到底采取哪种国家结构形式,主要取决于哪种形式有利于该国社会经济发展,有利于国家统一和民族团结。因此,国家结构的形成,一般要求同各国所处的历史条件、民族状况、地理因素和外部环境等因素结合起来。国家结构依据中央与地方的关系,主要分为单一制和复合制两种类型。

单一制国家是由若干普通行政单位或自治单位组成的单一主权的国家,各组成单位都是国家不可分割的组成部分的一种国家结构形式。单一制的特征有:全国只有一部宪法和一个统一的法律体系;只有一个中央政权机关,各地方的自治单位或行政单位受中央统一领导;每个公民只有一个国籍;国家整体在国际关系中是唯一的主体。

复合制国家是由两个或两个以上的成员单位（如邦、州、共和国等）联合组成的联盟国家或国家联盟。根据成员单位独立性的强弱，复合制又可分为联邦制[①]和邦联制[②]等形式。

联邦也称"联盟国家"，是由若干成员单位（共和国、州、邦等）组成的统一国家，如美国、德国、印度等。联邦制的特点有：联邦和各成员单位都有自己的宪法和法律，都有各自的国家机关体系；公民具有双重国籍，既是成员国的公民，又是联邦的公民；联邦和各成员单位的权力划分是依据宪法，联邦的权力是来自各成员单位的授予；在国际关系中，各成员单位一般没有独立对外交往的权力。

邦联是两个或两个以上的国家为了达到军事、贸易或其他共同目的而形成的一种国家联合，如现代的欧盟[③]、东盟[④]等实际上就是邦联。邦联的特征有：邦联不是一个主权国家，没有统一的宪法和集中统一的国家机关体系；各个国家都有自己的独立的主权、中央

[①] 联邦制是由几个成员国（如共和国或邦、州等）联合组成统一国家的政治体制。它是国际交往中的主体，有自己的最高立法机关和行政机关，有统一的宪法和法律。联邦行使国家的外交、军事、财政等主要权力。联邦同成员国间的权限划分由联邦宪法规定。各成员国按联邦宪法规定，设自己的立法机关和行政机关，制定自己的宪法和法律，在自己辖区内行使职权。有的联邦制国家宪法还规定，成员国可以同外国直接发生关系。

[②] 邦联制是指若干个独立的主权国家为实现某种特定目的（如军事、经济方面的要求）而组成的一种松散的国家联合。中国的周朝内的各个诸侯国主权高度独立，周王为名义上的共主，跟现在的邦联制相似。邦联制是一种复合制的国家形式，比联邦制松散，是主权国家的联盟，通常根据条约组建。

[③] 欧洲联盟，即欧盟，总部设在比利时首都布鲁塞尔，是由欧洲共同体发展而来的，创始成员国有6个，分别为德国、法国、意大利、荷兰、比利时和卢森堡。该联盟现拥有28个会员国，正式官方语言有24种。

[④] 东南亚国家联盟，即东盟。成员国有马来西亚、印度尼西亚、泰国、菲律宾、新加坡、文莱、越南、老挝、缅甸和柬埔寨。其前身是马来亚（现马来西亚）、菲律宾和泰国于1961年7月31日在曼谷成立的东南亚联盟。

国家机关体系和法律制度体系；邦联的决定要经各个国家的批准才能够产生效力。

二、巴基斯坦的国家结构形式

巴基斯坦属于英联邦的成员。第一次世界大战后，英国势力遭到削弱，各殖民地人民纷纷要求独立，兴起民族解放运动，本土与自治领之间的矛盾也日益加剧，殖民体系渐趋瓦解。为挽救颓势，1926年，英国被迫承认自治领在内政外交方面获得独立。自治领与宗主国以"共同忠于（英国）国王"而组成英联邦，双方权利平等，互不隶属。1931年，英国议会通过《威斯敏斯特法案》，批准上述决议，确定各英属自治领都获得完全独立的主权，大英帝国名存实亡，英联邦正式形成。英联邦不是一个国家，也没有中央政府。英王只是英联邦名义上的元首，无权干涉其他成员国内政外交。英联邦不设权力机构，英国和各成员国互派高级专员，代表大使级外交关系。

巴基斯坦行政区划包括四个省和两个联邦直辖区（括号内为首府）及克什米尔两个特区；各省分为105个县，县进一步分为乡。

第四节 巴基斯坦的政党制度和政体形式分析

一、人民党的创立

（一）巴基斯坦人民党的建立和概况

巴基斯坦人民党成立于1967年11月，由巴人民党现任主席贝·布托的父亲佐勒菲卡尔·阿里·布托缔造。佐勒菲卡尔·阿里·布托1928年1月5日出生于信德省拉卡纳一个贵族穆斯林家庭，受过严格的西方教育。布托执着于从政，1957年步入政坛，曾经是巴基斯坦历史上最年轻的中央政府内阁部长。1963年1月至1966年7月，任外交部长。因与阿尤布·汗总统发生政治分歧，辞去政府职务。后在 J. A. 拉希姆的激励和帮助下，于1967年11月30日在拉合尔成立巴基斯坦人民党，任该党主席，时年39岁。他领导的人民党在反对阿尤布·汗政府的斗争中发挥了重要作用。人民党创建初期，广大青年学生、知识分子、律师、政府雇员、城市贫民、工人和左翼人士纷纷加入。后来，一些有民族主义思想的前军政官员、中小商人和部分地主也纷纷加入，人民党迅速发展成为一个强大的政党。1970年，该党成立三周年之际在西巴基斯坦大选中取得胜利，成为巴基斯坦政坛上的一颗新星。1971年12月30日，人民党登上政权宝座，党的领袖阿里·布托出任巴基斯坦总统，被广大人民群众尊称为"人民领袖"。人民党成了巴基斯坦唯一的全国性政党，党员一度发展到1000余万，成为巴基斯坦政坛上最有凝聚力的强大政党。

　　人民党的纲领是"我们的信仰是伊斯兰，我们的政体是民主，我们的经济是社会主义，一切权力归人民"。建党之初该党主张建立平等主义的民主，运用社会主义思想实现经济和社会公正；实行共和制；保障民主和自由；要求废除垄断资本，对重工业、银行、交通和保险公司实行国有化；肃清封建残余，实行土地改革，鼓励农村合作化运动；改善工人的生活和劳动条件，保障罢工权和扩大工会权力。它的宗旨是为人民服务，为广大人民群众谋幸福，解决人民的衣、食、住问题，在巴基斯坦建设社会主义。

（二）巴基斯坦人民党早期上台及下台的原因分析

第一是巴基斯坦特殊的经济基础对布托政府政策的制约。经济发展和经济改革为民主化浪潮和政治民主化提供必要的基础和条件，二者之间具有正相关的关系。经济发展和经济改革为民主化浪潮的兴起和推进提供原动力，而政治民主化只有在经济持续发展的条件下才能稳定和巩固。人民党20世纪70年代下台的原因与其经济改革的失败密不可分。

通过分析巴基斯坦的经济特点可以看出，构成今天巴基斯坦的地区，在印巴分治前多为英属印度的偏远地区，经济很不发达，保留了大量封建残余。分治后，巴基斯坦地区一直以农业为主，土地高度集中，封建势力非常强大，大地主实际控制着政治和经济。虽然曾进行过两次土地改革，但巴农村中的封建势力却未受到根本触动。大地主凭借他们在经济上的优势而在政治上占据着支配地位。

巴基斯坦工业基础薄弱，经济很不发达，城市的大资产阶级是由大地主转化而来的，这部分人控制了国家的工商业。随着经济的发展，巴基斯坦形成一定数量的中产阶级，但是财富仍然高度集中在大地主、大资本家手里，大量人口生活在贫困线以下。这种两极分化的状况至今没有多大改变。这种特殊的经济状况对人民党政府的改革政策起到制约作用。

佐勒菲卡尔·阿里·布托政府进行的经济、社会改革可分为两个时期。1974年10月前，在布托政府和人民党内，左派势力占据优势，控制着国家经济政策的制定权。在政治方面，布托进行了文官制度和军队领导的改革，取消了在巴基斯坦社会占有很大势力且与大地主大资本家紧密相连的文官。在经济和社会方面，实行了私营工业、金融机构、教育等的国有化，并进行了劳工改革，从货币报酬和非货币报酬两个方面大幅度提高工人的收入，改善工人福利。布托政府进行的社会、经济改革，是想提高中下层民众的收入，使他们能够享受到经济和社会发展的利益。这些改革加强了政府对经济的控制，加强了公营部门经济在工业和金融业中的地位和作用，使工业工人成为国家政治生活中的一支重要力量，加强了政府在教育发展中的作用，影响了巴基斯坦经济政治和社会的发展方向，在巴基斯坦政治发展史上留下了深刻的印记。

1972—1974年间的政治、社会和经济改革引发上层社会大资产阶级、大地主、高级文官和军官的不满，大资本家和大地主对国有化等经济改革的不满尤为突出。面对压力，布托的改革进程有所停滞。1974年10月，布托政府改组内阁，之后又重组人民党的领导，撤换左派势力代表人物。这一阶段布托将改革的重点从城市转向农村，目的是争取地主对布托政府的支持。他主要是从政治和经济两方面压制农村新兴资本主义势力的发展，维护大地主的利益。大地主和大资本家重新在人民党内占据优势。布托政府的经济改革走向另一个极端。

佐勒菲卡尔·阿里·布托政府的改革缺乏明确、持续的发展战略，不符合巴基斯坦国情。其改革受到巴基斯坦独特的经济条件的限制，在封建势力庞大、资本主义发展薄弱的基础上，激进的国有化政策必然失败。布托政府经济政策的转向也造成巴基斯坦经济发展的不稳定。

国有化政策使工商界深感惶恐，严重缺乏投资信心。工业资本家害怕国有化，纷纷将资本转移到国外或国内其他部门。许多国有化企业的高级技术人才和管理人才也流向中东。投资锐减必然造成工业生产发展缓慢。

另外，布托本人刚愎自用、独断专行，在重大经济决策上养成不受限制、个人说了算的习惯。这种决策方式违反经济建设的基本常识、违背科学，给巴基斯坦的经济建设造成影响，致使公营和私营部门都不能在国民经济的发展中发挥应有的作用。布托决定投建的都是投资大、周期长的工程，占用了有限的资金，再也无力发展国民经济中急需发展的部门，忽视了农业、小工业、小商业等在国民经济中占有重要地位的部门的发展。这些工程需要高投资，而国内财力有限，不得不依赖外援，外债负担加重。到布托下台时，巴外债负担增至70亿美元，相当于当时巴国民财富的6%，年还本付息量相当于当年外贸出口的44%，还本付息率在发展中国家高居首位。

在以上这些因素的作用下，1974—1977年间巴国民经济增长率大大下降，国内生产总值平均增长率仅为2.7%，低于人口平均增长率的3%。这是导致佐勒菲卡尔·阿里·布托政府倒台的重要因素。

第二是民主发展不充分，政治发展受制于领导者个人作用。巴基斯坦政治民主发展很不充分，政治领导人的个人作用在政坛上非常突出，缺乏必要的监督和制约。领导人个性的缺陷会给政治带来重大不良影响，很容易造成独裁专制。而人民党领袖布托本人独断专行、崇拜权力、没有坚定的政治信仰，这些都对人民党的政权产生负面影响。

人民党奉行的是实用主义政治，上台执政就是其根本政治目标。该党没有固定的选民基础和政治信仰，只要能对掌握政权有利，人民党会随时更改其纲领。成立之初，人民党曾以"社会主义、民主、伊斯兰和一切权力归人民"为口号号召和团结民众。人民党的思想和组织的设计者实际上是 J. A. 拉希姆。他早年受社会主义思想影响，对阿尤布·汗政权不满，曾与布托一起共事，对布托十分赏识，认为布托是能改变巴基斯坦现状的人物，所以力劝布托组织新党，以"社会主义、民主、伊斯兰和一切权力归人民"为口号团结民众。雄心勃勃、意欲夺取政权的布托接受了拉希姆的主张，组成以受过西方高等教育的知识分子为核心的巴人民党的领导核心。中产阶层中的左派势力对人民党的建立、对布托执掌政权起了关键作用。大城市中的知识分子、医生、大中学校教师、工程师、政府雇员等城市专业人员以及有组织的大工厂的工人、中小城市的中小工商业者、农村中的中间阶层等，在巴基斯坦被称作中产阶层，是巴基斯坦政治生活中举足轻重的一股势力。这个阶层还影响着大批大中学生、工厂工人和城市居民。在1970年大选中，正是在这个阶层及其影响下的群众的支持下，布托才赢得大选的胜利，可以说，中产阶层是布托人民党的政治支柱。

但是，阿里·布托是一个独断专行、只讲目的且不择手段的人。上台后，面对来自大地主和大资本家的压力，布托为了巩固自己的政权，开始抛弃最初的纲领，把党内的左派势力清除出党，将大地主大资本家请回人民党，以这些人为人民党的支柱。布托改组内阁和人民党的行为使中产阶层中活动能量最大的左派势力失势，转而成为布托的反对者。布托的后退引起下层民众的不满。他已经失去了大城市中有组织的工厂工人、中产阶层和其他左翼力量的支持，不能再度争取到他们的支持。封建地主成了布托依靠的对象。布托实行独裁统治，到后来其政策越来越不得人心，遭到众多反对派的强烈反对，这也是布托政府垮台的原因之一。

二、巴基斯坦的穆斯林联盟党

（一）穆斯林联盟—谢里夫派

巴基斯坦穆斯林联盟（谢里夫派）是这个国家历史最悠久的全国性政党，其成立要远远早于巴基斯坦建国。穆盟成立于1906年，其早期活动的历史就是巴基斯坦的建国史。作为巴基斯坦独立运动"两个民族"理论的贯彻者，穆盟并不是一个宗教政党，它强调的是穆斯林作为一个民族的身份，而不是一种宗教的信徒。但是，这一理论并不完善，伊斯兰教内部教派林立，彼此之间的区别并不小于和异教徒之间的差别。西北印度作为苏菲传统①深厚的穆斯林区域，除了用笼统的穆斯林概念以外，独立运动的领袖们没有办法找到一套牢固而严密的认同架构为从印度分离提供建设性的身份依据。这一缺陷在独立运动期间是可以被掩盖或忽略的，毕竟穆斯林对印度教徒的恐惧远远超过彼此之间的隔阂，然而一旦建国成功，穆盟的理想实际上已经实现，否定性的理念便不足以继续为这个政党提供意识形态基础。穆盟迅速从一个代表全印度穆斯林的跨教派政党蜕化为只服从于其核心集团利益的地域性政党。

这一地域便是西巴基斯坦的核心——旁遮普省。旁遮普不论是

---

① "苏菲"（Sufi）一词系阿拉伯语音译，其词源有多种说法。一说是阿拉伯语"羊毛"的意思；一说源自阿拉伯语"赛法"（Safa），意为"心灵洁静、行为纯正"；一说源自阿拉伯语"赛夫"（Saff），意为"在真主面前居于高品位和前列"；另说，苏菲派因其品质和功修方式类似先知穆罕默德时代"苏法"（Suffah）部落的人，故名。苏菲派赋予伊斯兰教神秘奥义，主张苦行禁欲，虔诚礼拜，与世隔绝，其足迹遍及全世界。

从人口还是经济规模来衡量,都是西巴基斯坦的核心地域。穆盟作为巴基斯坦最重要的政党,不但是因为这个政党在巴基斯坦立国运动领袖真纳的领导下建立了巴基斯坦,更是因为它牢固地控制了旁遮普。实际上,如果当年不是旁遮普和信德的大地主鼎力支持真纳的独立运动——这种支持的经济学理由不言而喻,仅凭真纳之力,巴基斯坦建国绝无可能,哪怕真纳先生是英国林肯法学院历史上最年轻的非本土律师资格获得者也无济于事。换句话说,不是穆盟在真纳的驱使下推动伊克巴尔①的理想,而是真纳以及伊克巴尔的理想就是旁遮普大地主们的政治诉求。而所谓旁遮普的大地主阶层,其代表人物恰是2018年初被弹劾下台的巴基斯坦两任总理纳瓦兹·谢里夫。他和他的兄弟夏巴兹不但掌控着旁遮普的工商业,而且多年把持穆斯林联盟。谢里夫家族的势力多年来在巴基斯坦一家独大,尤其是在其执政期间达到顶峰,仅在遭到穆沙拉夫的铁拳重击时曾一度削弱,分裂为谢里夫派和忠于穆沙拉夫的领袖派。当然,领袖派究其实质也不过是在谢里夫家族的压迫下不得志的舒贾特家族的政党形式罢了。

(二) 穆斯林联盟—领袖派

穆斯林联盟—领袖派,简称穆盟领袖派,成立于2002年7月20日,现任主席乔杜里·舒贾特·侯赛因(曾任巴基斯坦过渡总理)。该党从穆盟(谢里夫派)中分裂出来后,吸引后者诸多著名政治人物加盟,成为巴政坛上一支重要政治力量。在2002年的国民议会选举中,穆盟(领袖派)赢得46%的议席,成为第一大党,并于同年

---

① 诗人、哲学家,巴基斯坦建国的"精神导师"。

11月与一些小党组成执政联盟。

穆斯林联盟—领袖派的上台及其政绩。首先，1999年10月，穆沙拉夫发动军事政变上台执政之后，巴基斯坦经济一直保持稳步发展。据巴基斯坦官方2007年12月公布的统计数据显示，2002—2007这五年期间，巴基斯坦年均经济增长率始终保持在5%以上，共从美国等西方国家获得110多亿美元的无偿经济援助，另还有高达359亿美元的债务偿还期限得到延长。随着经济状况的不断好转，巴基斯坦中产阶级的力量不断得到增强，特别是以律师、法官及大学生为代表的温和派穆斯林知识分子对自由、民主的渴望程度也在不断提高。他们不断呼吁穆沙拉夫辞去其兼任的陆军参谋长一职，还政于民。即便在穆沙拉夫辞去军职以后，他们仍对现行政治体制感到不满，寄望于通过民主选举在该国建立起完全仿照西方国家的三权分立制度。[1]

其次，穆沙拉夫在巴基斯坦军队中依然享有无可比拟的巨大声望。不可否认，在穆沙拉夫将巴基斯坦陆军的最高指挥权移交给阿什法克·基亚尼将军之后，巴基斯坦军队确实已经开始步入"后穆沙拉夫时代"[2]，因为作为一名退出现役的前任陆军参谋长，穆沙拉夫现在唯一保有的头衔只是巴基斯坦总统。但正如穆沙拉夫自己所说的那样，他在巴基斯坦军队中受到尊敬与爱戴并非职务原因，而是其自身的崇高威望。在执政的8年里，为了巩固自己的统治地位，

---

[1] 三权分立是西方一种关于国家政权架构和权力资源配置的政治学说，主张立法、行政和司法三种国家权力分别由不同机关掌握，各自独立行使、相互制约制衡。

[2] 穆沙拉夫从1999年10月政变上台到2008年8月辞职，已执政近9年。总体上看，取得了国际地位提升和国力增长的良好政绩，并成为美国的反恐前线国家。然而，多年积累起来的政治矛盾和"9·11"事件后的反恐后遗症最终导致朝代更迭。

穆沙拉夫大幅增加了军费开支，不断提高普通巴基斯坦军人的待遇，落实其家庭生活保障，使得军人集团再度在巴基斯坦成为一个享受既得利益的特殊群体。在此情况下，为数众多的普通军士以及中、下级军官从内心拥戴穆沙拉夫政府。与此同时，穆沙拉夫对军队高层的人事安排也早已有所准备。当外界习惯于将关注的焦点汇集在陆军新任参谋长基亚尼身上时，其实往往容易忽视巴基斯坦军队的真正中坚力量——中将衔军级指挥官。

最后，自反恐战争开始以来，美国一直将巴基斯坦视为其国际反恐阵营的重要成员，而穆沙拉夫政府也坚定不移地在反恐问题上同美国开展密切合作，不断加大对恐怖分子的打击力度，一方面迅速稳固了自己的合法执政地位，另一方面也沉重打击了长期困扰巴基斯坦政府的恐怖主义与极端主义势力。特别是2007年11月后至穆沙拉夫下台期间的一段时期，巴基斯坦军队调集了两万多名官兵，对恐怖分子活动猖獗的西北边境省斯瓦特河谷、南瓦齐利斯坦联邦部落直辖区等地开展了重点清剿行动，取得明显效果。

三、巴基斯坦的宗教政党

与世俗政党相比，巴基斯坦宗教政党数量较多，积极参加政治活动的大约有25个，其中最重要、影响力最大的政党是"伊斯兰促进会"（简称"伊促会"）和"伊斯兰教贤哲会"（简称"贤哲会"）。

"伊促会"是巴基斯坦组织最严密、章程最规范且理论体系最完备的宗教政党。该党奠基人是赫赫有名的现代伊斯兰复兴运动理论家赛义德·阿布·阿拉·毛杜迪。毛杜迪的伊斯兰复兴理论主要包括：建立真正意义上的伊斯兰国家，国家必须承认真主安拉法度的绝对权威；以"沙里亚法"为立国基础，承认先知穆罕默德的尊严和权威，将先知的"圣言""圣行"作为重要的立法依据，废止任何有悖于伊斯兰教法的政令、法规、政策；国家作为安拉的代理人有权代行安拉法度、行使统治、管理国家；实行政治协商，通过全体穆斯林直接协商或推举代表来决定国家大事。

"贤哲会"是以普什图人为主体的迪奥班德派组织，拥有庞大的经文学校网络。与"伊促会"一味走精英路线不同，该党立足于普通民众，特别是在开伯尔—普什图赫瓦省的普什图聚居区影响力很大，因此在历次议会选举中的表现都要好于"伊促会"，如曾于1970年参加"人民民族党"主导的开伯尔—普什图赫瓦省政府、2008年参加"人民党"主导的中央政府。该党前身为1945年成立的"印度贤哲会"，创建人是沙比尔·艾哈迈德·乌斯马尼。20世纪80年代中期，该党分裂为"贤哲会（萨派）"和"贤哲会（法派）"。其中，萨派与军方关系更加密切，但法派拥有更广泛的影响。总体而言，该党在宗教问题上立场比较激进。

四、豪强代言人——巴基斯坦政党制度的实质

（一）精英型政党的存在及其现实根基

1. 封建土地所有制的存在

巴基斯坦的政党几乎属于精英型政党，这种类型政党的产生、演化以及政治作用都与该国的土地制度息息相关。安纳托尔·利文在他负有盛名的著作《巴基斯坦：苦难国家》中争论说，将巴基斯坦的地主形容为西欧意义上的"封建主"是错误的，因为20世纪50年代到20世纪70年代的激进土地改革已经使旁遮普的绝大多数

超级地主失去了他们的土地。不过列文也承认，即便如此，巴基斯坦仍然存在着大量的封建残余，比如信德地主豪强们偏爱的狩猎活动，极富中世纪古风。

2. 巴基斯坦社会中氏族纽带的巨大影响

在巴基斯坦，并不存在农民对于土地的依附关系，真正的问题比土地依附关系还要严重，巴基斯坦存在的是人无论走到哪里都无法摆脱的氏族纽带，无论一个人是生活在农村还是在城市，无论是佃农还是雇工，在社会上都被以氏族划分。就像利文所注意到的那样："在乡村以及外延到绝大部分城市，最强有力的社会单元不是个人，也不是家庭，诚然这些单元是由个人来领导的。"这个单元就是氏族。巴基斯坦的真正豪强不是巴盟领导人纳瓦兹·谢里夫，也不是前总统阿西夫·扎尔达里，更不是历届昙花一现的军人领袖，而是世世代代生活在各自相对固定区域的大氏族，旁遮普的谢里夫家族、信德的布托家族都是这些大氏族的代表或者核心。他们不是简单的大土地所有者，而是各自所有区域一切的所有者。谢里夫家族拥有旁遮普最大规模的集约土地、最主要的工业资产和相当一部分公营设施，他们的家族财产放在全球富豪榜中或许不引人注目，这既是因为不论他们多么富有，毕竟巴基斯坦整体上仍是一个贫困国家，也是因为他们的财产隐藏在整个家族——氏族体系内，无法单独抽取出来和比尔·盖茨、巴菲特等人的财产相比较。阿尤布·汗和阿里·布托的土地改革充其量只能触及这种氏族体制的农业经济部分，而且还是不彻底的。阿尤布·汗的土地改革半途而废，阿里·布托的改革本来就带有强烈的地方政治色彩，其用意在于打击削弱自己的旁遮普对手。阿里·布托一面大声痛斥土地兼并，一面给自己的大女儿、政治接班人招了扎尔达里这样一个俾路支—信德大地主的儿子做夫婿本身就证明了布托土地改革的两面性。在巴基斯坦，世家豪强掌握了一切资源，而且这种与生俱来的控制能力还得到文化和历史传统方面的确认。西北印度是南亚穆斯林文化的核心，这里的一切都带有强烈的莫卧儿帝国痕迹，其中就包括任何穆斯林帝国都普遍存在的封建采邑制度。只不过数百年后，"印度斯坦皇帝"这一尊号早已成为过往尘埃，但穆斯林社会的基本结构并没有发生太大变化。准确地说，政党乃至议会制度尤其体现了这种为大家族利益服务的设计动机。在政党层面，金字塔结构同样存在，实际上更加明显。穆盟和人民党表面上看是党主席高高在上，实际上起支撑作用的是各个次一级地方的小地主小豪强。穆盟和人民党的政党结构其实也就是这个地方的氏族结构。这一点倒是和欧洲中世纪的分封制度颇为类似。大小豪强层层相套的政党结构显然不会衍生出具有改革意义的社会动员。人们在投票时不是选举自己偏爱的候选人，而是按照本人所在的家族进行投票。当然也有例外，如1990年议会选举谢里夫席卷贝·布托获得压倒性胜利，根本原因固然是人民党的政绩实在是过于糟糕，同时还必须高度重视的一个原因则是谢里夫家族不惜重金收买了人民党的大量地方小豪强，让他们拒绝派出车辆搭载乡民到投票站。巴基斯坦的历次选举，重要的不是如何提出适合选民胃口的政纲，而是如何满足大大小小的各地方豪强的胃口。

（二）挑战者：伊促会和伊姆兰·汗

尽管根深蒂固，然而世家豪强把持的政治制度也并非不会遭遇挑战。建国以来，巴基斯坦也曾数轮试图动摇世家豪强制度，其推动者主要是军人。但是，由于军人政权天然缺乏合法性，这种靠军队推动社会变革的努力很难持续，每当军队退出政治舞台，改变家族政治的努力就会随之宣告失败。而且，军队的社会改良尝试具有明显的边际效应递减趋势，阿尤布·汗的权威远远大于齐亚·哈克，形单影只的穆沙拉夫充其量也仅仅是触碰了一下巴基斯坦陈旧社会结构的边缘而已。抛开各自的历史背景不谈，世家豪强抗御军事打击的能力不断增强是一个不争的事实。阿尤布·汗可以把大地主们赶出自己的办公室，无人敢提出异议；齐亚·哈克为了巩固统治却不得不下令处决阿里·布托，其统治不仅要靠陆军的土黄色制服，还得靠刺刀；穆沙拉夫则根本无法触动世家豪强的利益，军队无法完成社会变革，其他的政治力量是否具有这种潜质呢？作为一个伊斯兰国家，宗教力量在巴基斯坦的政治舞台上占有不容忽视的一席之地。毛杜迪创立的伊斯兰促进会是全世界第一个伊斯兰宗教政党，也是巴基斯坦社会动员能力最强的政党，有能力在全国任何地方组织起百万人规模的群众集会。而这个政党本身毫无家族色彩。伊促会是巴基斯坦唯一的由全体党员直接选举产生党主席的全国性政党，仅凭这一点，就被很多人看成是改变巴基斯坦家族政治的希望。

近年来，巴基斯坦政坛还崛起一股不同的新兴力量，即伊姆兰·汗所建立的巴基斯坦正义运动党。伊姆兰·汗是普什图人，巴基斯坦前任国家板球队队长，曾经率领球队在1992年为巴基斯坦赢得迄今为止唯一的一届板球世界杯，是广大巴基斯坦民众心目中的国家英雄。伊姆兰·汗的力量并没有达到能够挑战传统世家豪强的地步。青年和城市中产阶级喜欢伊姆兰·汗，要求变革，但在投票时会不会坚持自己的偏好只有在选举时才能得到检验。伊姆兰·汗并非仅靠自己的世界杯，普遍认为，这位英语流利且富于国际视野的生于1952年的"老青年"得到了军队的幕后支持，其所拥有的大量社会慈善机构也在发挥触角作用。尽管如此,历届选举,正义运动党还是被传统的世家豪强压得喘不过气来。1997年议会选举"处子秀",一个议席也没有拿到。后来,为了摆脱得势不得分的窘境,正义运动党不得不大开方便之门,招纳地方小豪强加入,以便提升得票率。之后,正义运动党的声势逐渐壮大。2013年的选举中正义运动党一举拿下35个议席,成为仅次于穆盟(谢里夫派)和人民党之外的第三大党。而如果仅以选民票计,该党当年度的得票甚至超过席位第二的人民党。另据统计称,在2013年大选前夕,该党海内外的党员多达上千万人,是巴基斯坦党员人数最多的党派。同时,伊姆兰·汗在谢里夫上台之后,仍然不断发动以"反腐"的名义发动群众集会,抗议新政府,在群众中积累了很高声望。在2018年的竞选宣言中,伊姆兰·汗向选民做出承诺,表示该党上台的后首要任务是剪除以谢里夫家族和布托等政治家族为代表的贪腐无能的盗国精英集团,彻底提升巴基斯坦的国家治理能力。其次,该党还宣称建设福利社会,将再造一个"新巴基斯坦"。[①]

当然不得不说,通过招纳地方小豪强以及靠拢军方,间接获得军方支持的策略改变选举困境可能是有效的,但存在着巨大甚至可能是致命的副作用,即该党有可能迅速"传统化",沦落为"藏污纳垢"的又一家族政党。

[①] 《反现状"草根"政党胜选,正义运动党能否再造"新巴基斯坦"》,澎湃新闻,2018年7月30日,https://baijiahao.baidu.com/s?id=1607394431888583352&wfr=spider&for=pc(上网时间:2021年10月15日)。

第五节 巴基斯坦选举制度

巴基斯坦选举制度存在的问题主要在于尚未完全制度化且流于形式。军人上台之初抛开民选,之后则为了执政的合法化和排除政敌而实行选举,但选举反映不出真实的民意,民选政府存在同样的情况,即选举受到经济和政治精英的控制。

一、巴基斯坦历史选举制度

(一)殖民统治时期

19世纪中期,穆斯林中出现复兴伊斯兰教的运动,之后穆斯林社会中出现了大批为穆斯林利益而奋斗的知识分子,赛义德·阿赫默德·汗就是其中的代表,他第一次提出"两个民族"的思想,即穆斯林和印度教徒不仅是宗教信仰上不同,而且是两个不同的民族,两个民族不可能共享印度的最高权力和平等的社会政治地位。穆斯林意识到,他们必须有一个自己的政治组织才能保护穆斯林的利益。1906年12月30日,全印穆斯林联盟在拉合尔成立。第二次年会通过穆盟的目的和任务是:促进印度穆斯林对英国政府的忠诚;保证穆斯林的合法政治权利,向英政府表达穆斯林的意志等。

穆盟成立后首先就是要求地方的、省和中央的参事会中的穆斯林成员都应该由穆斯林自己选举;要为穆斯林分配一定数量的席位;同时为了保证席位数,要专门设立穆斯林选区。最初要求专设穆斯林选区的要求没有得到英属印度政府的同意，后来莫利—明托改革印度参事会，同意了为穆斯林分设选区，这在法律上确立了穆斯林在印巴次大陆上是一个有政治权利的团体，而穆斯林联盟则是一个合法的并且能够代表穆斯林利益的重要政治组织。

但是，穆斯林联盟内部派系过多，很大程度上靠真纳的个人魅力和为建立一个伊斯兰国家这一目标来维持着，缺乏凝聚力。巴基斯坦独立后，穆盟领导人是由英国政府任命而非选举产生，没有进行过大规模的群众动员，在民间没有多少号召力，当建国目标实现后，穆盟失去了奋斗目标。尤其是真纳去世后，穆盟内部分裂、斗争不断，并逐渐衰落。

（二）建国初十年巴基斯坦的选举

印巴分治时，巴基斯坦还没有一部指导建国的根本大法，就连相关的文件也没有，穆盟领导人决定暂时依据1935年的《印度政府法案》来组织国家的行政领导机构，将巴基斯坦定为联邦制国家，由西旁遮普省、西北边境省、信德省、东孟加拉省四省组成（东孟加拉在1956年宪法颁布后改名为东巴基斯坦省，其他在巴基斯坦境内的三省在1955年9月也合并为一个省，称为西巴基斯坦省）。在中央设立巴基斯坦制宪议会，既作为草拟和制定巴基斯坦宪法的机构，同时也作为临时的联邦议会机构。制宪议会开始只有69名议员，议员是从各省议会按每100万人口间接选举1名代表选举产生的，后来又从各王邦、部族地区选了10名代表，共79人组成巴基斯坦建国初期的制宪议会。1947年8月10日，制宪议会在卡拉奇召开第一次会议，真纳被选为制宪议会主席。因为真纳还是英国任命的首任总督，所以由他任命内阁总理，总理是里阿夸特·阿里·汗。

当时由真纳主持内阁会议，总理没有实权，权利集中在制宪议会和总督的手中。各省设省议会，是省的立法机构，省政府需对省议会负责。司法系统则由联邦法院和四省的各省高等法院共同组成。

巴基斯坦制宪工作的第一步是在总理阿里·汗的带领下开始的。1949年3月19日，阿里·汗提出关于建国目标的决议案，在制宪议会内经过讨论通过。主要规定：巴基斯坦是建立在公正、平等的伊斯兰原则上的联邦共和国；主权属于真主，由人民选举代表来行使主权，司法独立和保护少数民族等。直到1956年2月29日才制定出了巴基斯坦建国后的第一部宪法，其中对选举制度有一定的规定，比较重要的有以下三条：第一，规定巴基斯坦实行一院制的立法机构，国民议会是国家的立法机构，设300个席位，东巴和西巴平均分配，为妇女保留了10个席位；议员的任期是5年；议会每年召开两次，两次间隔时间不超过半年，议会召开的地点一年必须有一次在达卡；省议会也由300名议员组成，其中妇女也有10个席位。第二，最高法院的首席法官和其他法官都由总统任命，省高等法院法官也由总统任命；议会2/3议员同意就可免去最高法院法官。第三，规定年满40周岁及以上的穆斯林才有资格由联邦议会和省议会组成的选举团选举担任巴基斯坦总统，而不是由公民直接选举产生；总统任期五年，可连选连任；总统从议会的议员中任命总理和内阁部长；省政府组织与中央大致一样，省长是由总统任命的，省长再任命省内阁部长及其成员。但是，巴基斯坦的根本大法——1956年宪法，制定出来以后，由于国内的混乱而没有有效实行。

（三）阿尤布·汗军人统治时期巴基斯坦的选举

文官政府在其执政的11年间，国内政治家们争权夺利，一片混乱。1958年，总统米扎尔宣布全部军法管制，阿尤布·汗任首席军法执行官，开始了他在巴基斯坦为期10年的统治。

阿尤布·汗认为现行的西方议会民主制过于复杂，不适合巴基斯坦这个文盲占总人口多数的国家。要想让巴基斯坦人民参与到政治中来，等人民的文化水平和政治觉悟提高几乎是不可能的，那就需要设计一种符合巴基斯坦实际的、可实行下去的民主制度——以成人普选制为基础的基本民主制。阿尤布·汗在1958年10月27日颁布基层民主法令。基层民主法令规定，基层民主制主要是在全巴基斯坦城、乡实行，尤其是以乡村地区为主。

在全国分专区、县、区、村四级行政机构，以便行政工作的开展。在东巴和西巴各设置4万个选区，全巴一共8万个，后来增加到12万个。每个选区约1000人，以成人普选为主，每个选区选出1名代表，全国共8万名代表，后来相应地增加到12万名代表，这些代表被称为基本民主执行者。然后每10个选区又组成一个乡村行政委员会，或称为乡村联合评议会，由公民直接选举产生，是全国四级行政机构中最基础、低级的行政组织。上一级的机构成员从下一级的机构成员中选举产生，各级的委员会都设有主席一名，成员若干。区、县、专区委员会主席一般是政府官员，而且政府在各级的委员会中指派的官员大都占一半。选举产生的代表在政府官员的指导帮助下与政府指派的官员一道管理地方的征税、福利、司法咨询、维持社会治安等活动。同时，各级代表们经过训练成为直接或间接选举团的成员之后，可代表选民参加总统选举和省、中央立法机关的活动。1960年2月17日，巴基斯坦进行了总统选举，阿尤布·汗成为巴基斯坦建国来第一任由选举产生的总统。

二、当前巴基斯坦选举制度

目前巴基斯坦实行的《1973年宪法》①是巴历史上第三部宪法。在这部宪法中，国家体制发生了重大变化，废除了总统制，改为议会制，议会成为国家的最高权力机构，总统虽然是国家元首，但国家的最高行政权力却集中在总理手中。

巴基斯坦国家元首和武装力量最高统帅是总统。宪法规定，总统应由一名年龄不低于45周岁、符合参选国民议会议员相关条件的穆斯林担任。总统由上下两院及各省议会组成的选举人团选举产生，任期5年，连选连任不得超过两届。当选总统后不得兼任国民议会或省议会议员。

在巴基斯坦具有最高权力的立法机构是国民议会，即议会下院，它的职责是按照民主原则，体现人民意志。按议会内阁制，由国民议会选举产生总理，通常由多数党或多数党派联盟领袖出任，最大反对党或反对党派联盟推举1名议员为反对党领袖。同时，国民议会还选举产生1名议长及1名副议长。国民议会设有342个议席，其中有272个普选席位，有60席是面向妇女的保留席位，有10席是面向少数群体/非穆斯林的保留席位。普选席位按单一选区制选举产生，妇女保留席位按比例代表制根据各党派在国民议会各省选区中得票比例产生，少数群体保留席位按比例代表制根据各党派在整个国民议会中得票比例产生。国民议会议员任期5年。

---

① 由阿里·布托宪法主持颁布，故又称"布托宪法"。

表2-1 巴基斯坦历任实权人物更迭表

时间	实权人物	执政派系	国家元首 国王/总统	政府首脑 总督/总理	如何上台	如何下台	备注 （国内外重大事件）
1947—1948年	阿里·真纳（第一任总督兼立法会主席）	全印穆盟	英王（总督为英王在巴代表）	里阿夸特·阿里·汗（总理）	印巴分治选举	1948年病逝于卡拉奇	1947年10月克什米尔战争爆发即第一次印巴战争
1948—1951年	里阿夸特·阿里·汗（总理）	全印穆盟	英王（总督为英王在巴代表）	里阿夸特·阿里·汗（总理）	选举	1951年遇刺身故	卡瓦贾·纳齐姆丁作为东巴孟加拉人，担任仪式性总督古拉姆为第一任财政部长
1951—1955年	马利克·古拉姆·穆罕默德（总督）	无党派	英王	卡瓦贾·纳齐姆丁（1953年，被总理逼下台由古拉姆重新选举穆罕默德·阿里·伯舒拉任命为总理，东巴人）	由总理提名被里阿夸特任命为第三任总督	1955年病重离职	卡瓦贾·纳齐姆丁接替里阿夸特总理期间兼任东巴首相1953年古拉姆解散议会1955年古伯舒拉被命新总督米尔扎逼下台
1955—1956年	伊斯坎德尔·米尔扎（总督，东巴人）	巴共和党	英王	乔杜里·穆罕默德·阿里（临时总理）侯赛因·苏拉瓦底（1954年大选上台）	接替古拉姆被任命为第四任总督	1956年巴自治领成立共和国，总督使命结束	1954年米尔扎为东巴首相，兼任内政部长

-075-

续表

时间	实权人物	执政派系	国家元首 国王/总统	政府首脑 总督/总理	如何上台	如何下台	备注（国内外重大事件）
1956—1958年	伊斯坎德尔·米尔扎（第一任总统）	巴共和党	总统本人	侯赛因·苏拉瓦底（孟加拉人民联盟）易卜拉欣·楚思德加费罗兹·汗·农（巴穆盟领袖派）	选举	1958年阿尤布·汗政变，米尔扎下台	1956年成立巴基斯坦共和国 1956年宪法颁布 1958年米尔扎废除法并宣布戒严法（第一次引人戒严），阿尤布·汗被任命为军方首席戒严官
1958—1969年	阿尤布·汗（第二任总统，第一任军事专政者）	军人/巴穆盟	军人本人	军政府戒严不设总理	1958年政变上台	1969年被迫移交巴权力交巴军队总司令叶海亚·汗	1962年宪法颁布，辞去首席戒严官一职 1962年中印边界战争支持中国 1984年巴穆盟成立 1965年总统选举击败法蒂玛·真纳 1965年第二次印巴战争 1966年叶海亚·汗升任军方最高职 1967年巴人民党PPP成立

续表

第二章 巴基斯坦的政治

时间	实权人物	执政派系	国家元首 国王/总统	政府首脑 总督/总理	如何上台	如何下台	备注（国内外重大事件）
1969—1971年	叶海亚·汗	军人	军人本人	军政府戒严不设总理（1969年解散政府）	1969年阿尤布·汗被迫将权力移交巴国军队总司令叶海亚·汗	1971年战败被迫将权力移交西巴人民党领袖佐勒菲克尔·阿里·布托	1970年选举；1971年巴基斯坦内战即第三次印巴战争，又称为孟加拉独立战争；1971年阿里·布托将叶海亚·汗软禁，后者病故于1980年
1971—1973年	佐勒菲克尔·阿里·布托	巴人民党	总统	军政府戒严不设总理（努鲁勒·阿明11天总理）	1971年叶海亚·汗移交总统和首席戒严司令官至阿里·布托	1973年宪法颁布后大选，被选举为总理	1971第一位文职首席戒严司令著名的1973年宪法颁布，巴国由总统制转为议会制（主权在议会，议会总理）；1972年开启核武器计划；1973年议会选举
1973—1977年	佐勒菲克尔·阿里·布托	巴人民党	法兹尔·伊拉希·乔杜里（总统，至1988年）	佐勒菲克尔·阿里·布托（总理，至1977年）	1973年议会选举任总理；1977年选举再任总理	1977年因治理不当被齐亚·哈克政变下台	1973年七大宪法修正案；1976年齐亚·哈克被任命为巴陆军参谋长；1977年选举；1979年阿里·布托被判绞刑处死

-077-

续表

时间	实权人物	执政派系	国家元首 国王/总统	政府首脑 总督/总理	如何上台	如何下台	备注（国内外重大事件）
1977—1988年	齐亚·哈克	军人 巴穆盟	军人本人（1988年接任总统）	军政府戒严不设总理（至1985年）穆罕默德·汗·居内久（1985—1988年，1988年选举失利下台，时任穆盟领袖）	1977年政变上台	1988年突然死于飞机事故	1979年苏联入侵阿富汗 1981年谢里夫出任旁遮普省财长 1984年选举正式连任总统 1985年取消戒严管制，颁布宪法第八修正案（总统可以解散国会） 1986年实行党禁 1985年选举谢里夫任旁遮普省省长 1986年贝·布托流亡归国
1988—1990年	贝·布托	巴人民党主导执政联盟	吾拉木·伊沙可汗（以参议长身份接任代总统）	贝·布托	1988年选举	1990年被控贪污而被罢黜（总统依照第八修正案解散国会重选）	1988年被哈克任命为旁遮普省省长 1988年谢里夫的穆盟领导九党组成伊斯兰民主同盟

—078—

续表

时间	实权人物	执政派系	国家元首 国王/总统	政府首脑 总督/总理	如何上台	如何下台	备注（国内外重大事件）
1990—1993年	纳瓦兹·谢里夫	巴穆盟谢派	吾拉木·伊沙可汗（总统，于1993年辞职）	纳瓦兹·谢里夫	1990选举首次当选总理，领导九党执政联盟	1993被迫与总统一起辞职（总统依照第八修正案解散国会重选）	1990年海湾战争 1991年苏联解体 1993年巴穆盟谢派成立
1993—1996年	贝·布托	巴人民党	法鲁克·莱加里（总统）	贝·布托	1993年选举	1996年又因被控贪污治国不当下台	1995年塔利班进军喀布尔 1996—2001年塔利班在阿富汗建立伊斯兰酋长国，获沙特、巴基斯坦、阿联酋三国承认
1997—1999年	纳瓦兹·谢里夫	巴穆盟谢派	拉菲克·塔拉尔（总统）	纳瓦兹·谢里夫	1997年选举	1999年穆沙拉夫政变推翻谢氏政府，谢里夫遭软禁	1997谢里夫颁布第十三十四宪法修正案（总理集权） 1998年印度进行原子核爆实验 1998年谢里夫下令进行原子弹试爆 1998年谢里夫任命穆沙拉夫为陆军参谋长

-079-

续表

时间	实权人物	执政派系	国家元首 国王/总统	政府首脑 总督/总理	如何上台	如何下台	备注（国内外重大事件）
1999—2008年	佩尔韦兹·穆沙拉夫	军人／巴穆盟领袖派	拉菲克·塔尔（至2001年）穆沙拉夫（至2008年）	佩尔韦兹·穆沙拉夫（军政府不设总理，首席执政官至2001年）穆盟领袖派三总理：扎法鲁拉·汗·贾迈利（2002—2004年）；乔杜里·舒贾特·侯赛因（2004年）；尚卡特·阿齐兹（2004—2007年）	1999年政变上台 2002年选举巴穆盟领袖派转而支持穆沙拉夫	2008年被迫辞职流亡英国	1999年暂停实施1973宪法 1999年贝·布托夫妇流亡国外 2000年谢里夫流亡国外 2001年"9·11"事件、阿富汗战争 2002年巴人民党成立 2003年美巴合作反恐（军援） 1973年宪法第八修正案 2003年宪法第十七修正案 2007年谢里夫流亡归国 2007年贝·布托流亡归国 2007年贝·布托遇刺身故

—080—

续表

时间	实权人物	执政派系	国家元首 国王/总统	政府首脑 总督/总理	如何上台	如何下台	备注（国内外重大事件）
2008—2013年	阿西夫·扎尔达里	巴人民党	阿西夫·阿里·扎尔达里（总统，任期到2013年底）	优素福·吉拉尼（2008—2012年）拉贾·阿什拉夫（2012—2013年）米尔汗·哈萨·霍索（2013年看守政府）	2008年选举人民党议会选举获胜 总统选举获胜	扎尔达里总统2013年任期到底，2012年吉拉尼因藐视法庭被判罪被巴高院取消总理资格	2013年穆沙拉夫流亡归国，但被剥夺终身参选资格 执政党第一次完成一个完整任期
2013—2018年	纳瓦兹·谢里夫	巴穆盟谢派	阿西夫·阿里·扎尔达里（总统）	纳瓦兹·谢里夫	2013年选举		第一次和平实现政权更迭和政党轮替
2018年至今	伊姆兰·汗	正义运动党	阿里夫·阿尔维	伊姆兰·汗	2018年选举		

资料来源：作者自制。

参议院即议会上院，是常设立法机构，其主要功能在于平衡国民议会中按人口多寡赋予各省代表权的差异。参议院议员任期为6年，但每3年改选一半议席。参议院选举产生1名主席和1名副主席，任期皆为3年。参议院设有104个议席，其中有66席是普选席位，有17席是面向包括宗教学者在内的技术官员的保留席位，有17席是面向妇女的保留席位，有4席是面向少数群体/非穆斯林的保留席位。议席平均分配给各省23席，其中普选席位14席、技术官员保留席位4席、妇女保留席位4席、少数群体保留席位1席；联邦首都设4席，其中普选席位2席，技术官员与妇女保留席位各1席；联邦直辖部落区设4席，皆为普选议席。分配给各省的议席由各省议会议员按照比例代表制，采取"单记可让渡投票"①方式选举产生；联邦首都及联邦直辖部落区选举则另行安排。

第六节　巴基斯坦国内政局变化及其因素

一、巴基斯坦政局演变

1947年印巴分治，巴基斯坦于1948年实质独立，1956年正式建立共和国。独立初期，巴基斯坦一方面继承了一个军事官僚化的国家机构，另一方面在经济、政治制度、军事、司法和文化教

---

① 单记可让渡投票制则是由选民依照喜好排列候选人的比例代表制。与政党名单不同的是，单记可让渡投票制并非取决于候选人的政党，选票是经由和排序复选制类似的方法转移，计票时选票上的所有排序都会被计算到。

育等方面仍未能摆脱英国的控制和影响。根据1956年颁布的第一部宪法，巴基斯坦采用联邦制，中央设一院制议会，即国民议会。

1948—1958年间，巴基斯坦政府因政局动荡而9次更迭内阁。1958年10月，阿尤布·汗指责总统米尔扎对国家政局恶化负有责任，宣布实施军事管制法，自己出任总统兼军法管制首席执行官。1969年3月，阿尤布·汗将政权移交给叶海亚·汗。1970年，巴基斯坦人民党崛起，阿里·布托担任总理。1977年，陆军总参谋长齐亚·哈克发动军事政变，并将阿里·布托处死。1988年，阿里·布托的女儿贝·布托当选总理。1999年，佩尔韦兹·穆沙拉夫将军发动军事政变推翻民选政府。穆沙拉夫政府2007年出现危机，2008年被迫下台。巴实现了由军人治理向民选政府的和平过渡，人民党再度执政，贝·布托的丈夫扎尔达里当选总统。2013年6月巴基斯坦举行大选，首次实现民选政府之间的权力交接。巴主要政党力量对比发生重大变化，政党政治版图重新划分：穆斯林联盟（谢里夫派）成为第一大党，赢得172议席，超过半数实现独立组阁，强势执政；人民党惨败，沦为地区性政党；正义运动党表现突出，成为新兴力量。巴基斯坦政治转型渐趋成熟，对国家未来影响深远。

二、巴基斯坦政局变化的影响因素

（一）军队因素

军队在巴基斯坦权力结构中扮演着关键角色。巴基斯坦建国70年来，军人干政是其政治最显著的特征。巴独立以来共出现4次军人政府，执政时间达32年之久，形成10年一轮回、军人政权和民选政府交替上台的"钟摆"运动现象。① 一方面，即使在民选政府执政期间，军队也对国家事务具有重大影响力，凡与军方搞不好关系的政府会很快因各种事由下台。另一方面，前3位军法执行官都未能找到平稳交接权力的办法：阿尤布·汗总统被叶海亚·汗将军取代；叶海亚·汗想通过选举交权，结果却引发社会动荡、战争失败、国家分裂，代价惨重；齐亚·哈克总统原想通过由居内久出任总理逐步解决这一问题，最终也告失败，在解散居内久政府、尚未解决政局危机时坠机死亡。

建国初的巴基斯坦军队，共有15万官兵。其中，陆军步兵仅8个兵团、装甲兵团6个、工程兵单位34个等；海军单桅纵帆船和快速军舰各2艘、舰队扫雷舰4艘等；空军仅2个飞行中队和1个运输中队。上尉军官大约100人、英国军官500人，他们组成巴基斯坦军队的指挥官团队。军队军官人数少、装备很差，且很多士兵都没有经过训练。但因为巴基斯坦的军队中英国指挥官占多数，并且本土的指挥官也大都曾受教于英国军官学院，所以巴基斯坦的军队深受英国军队编制和战略战术的影响，可以说他们的军事思想是非常先进的。在1954年5月和9月，巴基斯坦与美国分别签订了《共同防御援助协定》和《东南亚条约》，② 1955年9月加入巴格达条约组织。通过这些条约，巴基斯坦得到美国大量的军事援助，军队也接

---

① "钟摆效应"原是心理学上的一个名词，主要是描述人类情绪的高低摆荡现象。这是选民心理的一种常见现象，指当某阵营在一次选举中大胜后，大败的阵营较易在下一次选举收复失地，就如钟摆向左摆后，便会向右摆，循环不息。这主要是出于人民不想一党持续独大的诉求。

② 朝鲜战争结束后，美国于1954年9月6日，组织美、英、法、澳、新、泰、巴基斯坦、菲律宾八国外长在马尼拉举行会议，并于8日缔结了地区性军事同盟条约，即《东南亚条约》。该条约全称《东南亚集体防务条约》，又称《马尼拉条约》，由序言、11条正文、美国的"谅解"条款和议定书组成。

受美国的训练和技术装备的支持。巴基斯坦军队成了当时巴基斯坦最现代化的一部分。中央政府不但没有在立法上限制军队的作用，反而因为文官政府的弱势而不得不依靠军队来维持国家的稳定。执政者要拉拢军队帮助政府维持秩序，军费开支从国家财政上出，给予军队干预政府财政分配的机会，直接影响政府的行政方针。军队与混乱的文人政府相比，其优势在于组织严密、纪律严明、力量强大，且因为印度与巴基斯坦之间的紧张关系，军队被视为巴基斯坦国家安全的保障，他们在巴基斯坦国内地位特殊，深得人民的尊敬。

军队在巴基斯坦政治生活中这种决定性作用是历史形成的。穆斯林联盟内部长期不够统一、没有凝聚力和有权威的领导人，国内各种政治势力为了各自的利益而相互倾轧，中央和地方、地方与地方之间、地方内部都存在矛盾斗争。政治上混乱不堪，经济停滞不前，这些都佐证了代议制政府的失败，民众无法相信他们能让巴基斯坦走上民主、富强的道路。巴基斯坦军队的强大和人们对军队天生的信任感，在穆盟对巴基斯坦的控制岌岌可危时，领导人选择依靠军队的力量来维持统治，让军队不断插手国家事务，进而控制国家政权。20 世纪 50 年代代议制政府的失败，给阿尤布·汗以军人的身份接管国家政权创造了条件。

1958 年阿尤布·汗发动政变实行军事管制，拉开了巴基斯坦历史上军人干政的序幕。此后，叶海亚·汗于 1969 年、齐亚·哈克于 1977 年、穆沙拉夫于 1999 年分别通过政变上台。即使在民选政府执政期间，军队的影响力仍然巨大。对此，穆沙拉夫有精辟总结：巴基斯坦坎坷的政治史，就是一部军法管制与伪民主交替的历史。随着穆沙拉夫的下台，巴基斯坦军队再次在政治舞台上从前台退居幕后。但是，这并不等于军队就此失去对巴国内政治的影响。由于巴基斯坦特殊的建国历程以及建国后长期面临印度的威胁、克什米尔争端以及孟加拉国独立这些事关巴基斯坦生存死亡的重大问题，而要解决和应对，必须依靠巴基斯坦军队的力量。而且，巴基斯坦政党不健全，政治制度存在不稳定性，所以巴基斯坦军队在国家政治生活中一直发挥着突出的作用，巴基斯坦军队也把自己看成是国家的保护者、拯救者。长久以来，军方在巴基斯坦国内占据举足轻重的地位，影响渗透到社会方方面面。

当然，值得注意的是，世界发展的总体趋势给军人干政留下的空间越来越小。与此同时，随着巴基斯坦内部民主政治的发展，其政党政治和舆论监督等也取得实质性进展。世俗政党和媒体力量等已经对军人政府提出了挑战。但需要指出的是，巴军队真正退出国家政治事务仍将是一个比较漫长的过程。这不仅取决于巴基斯坦国内文官政治力量的发展和壮大，也取决于其国际政治环境的优劣。总之，尽管巴基斯坦国内几乎所有政治势力都对军人干政心存忌惮，但是民选政府不得不倚重军方仍是基本事实。可以预见，军队在今后相当长的时期内仍将是巴基斯坦政治舞台上一支举足轻重的力量。

（二）宗教因素

巴基斯坦独立运动、巴基斯坦建国及其之后的政治、经济、社会、文化、外交等都与伊斯兰教紧密地联系在一起。伊斯兰教是巴基斯坦的国教，是巴基斯坦的立国之本。在巴基斯坦的历史发展中，曾一度出现政治伊斯兰化和伊斯兰教义法律化、政治化的趋势。这种趋势对巴基斯坦的发展产生重大影响。

目前，巴基斯坦政党分为世俗政党和宗教政党两大类。世俗政党包括"人民党""穆斯林联盟（谢里夫派）""穆斯林联盟（领袖派）""人民民族党"和"联合移民运动"等。"巴基斯坦穆斯林联盟"前身是创建于1906年的"全印穆斯林联盟"。"全印穆斯林联盟"在巴基斯坦独立运动中发挥了举足轻重的作用，可以说是巴独立运动的领导者和指挥者。在巴基斯坦独立之后，"全印穆斯林联盟"更名为"巴基斯坦穆斯林联盟"。自巴基斯坦建国至20世纪60年代，该党一直是巴人数最多、影响最大的政党。此后，该党几经分裂和重组，目前主要包括"穆斯林联盟（谢里夫派）"和"穆斯林联盟（领袖派）"两大派别。其中，谢里夫派势力较强，其主要地盘在旁遮普省，并于2013年5月赢得议会选举。"人民党"成立于1967年11月，创始人是阿里·布托，其主要支持者分布在信德省和旁遮普省，大部分是民族资产阶级、知识分子、青年学生和政府职员等。"人民党"在20世纪70年代以后多次执政，成为巴基斯坦政治发展史上名副其实的"后起之秀"。2008年，时任总统穆沙拉夫宣布辞职，"人民党"在选举中胜出并于2013年3月完成任期，成为巴基斯坦历史上首届顺利完成任期的民选政府，在巴基斯坦政治发展史上留下了浓墨重彩的一笔。2018年8月，草根政党"正义运动党"在全国选举中获胜，显示出巴基斯坦的民主政治在既有的道路上平稳地向前发展和推进。

　　与世俗政党相比，巴基斯坦宗教政党数量较多，积极参加政治活动的大约有25个，如前文所述，其中最重要、影响力最大的政党是"伊斯兰促进会"和"伊斯兰教贤哲会"。

　　纵观巴基斯坦历次选举，以"人民党"和"穆斯林联盟（谢里夫派）"为代表的世俗政党明显是巴基斯坦政治斗争中当仁不让的主要力量，上述两大政党可以被视为全国性政党，背后拥有封建家族或者大资本家的支持，无论是在经济发达、人口稠密的旁遮普省，还是在贫穷落后、地广人稀的俾路支省都有广泛的群众基础。两党或单独赢得议会多数席位，或与中小政党联合组阁，在民主政治时代基本掌控了巴基斯坦的政治资源和经济命脉，成为巴基斯坦事实上的主导力量。然而，这并不意味着宗教政党只能扮演无足轻重的配角。

事实上，宗教政党不仅直接影响巴基斯坦的诞生，而且在很大程度上作用于巴基斯坦整体的发展方向。与"财大气粗"的世俗政党不同，宗教政党缺乏足够的财力和人力支撑，难以在议会选举中赢得多数，但却往往能利用较少票数获得较大政治发言权，这与巴基斯坦的政治生态密切相关。在巴基斯坦议会政治舞台上，"人民党"等世俗政党往往需要与宗教政党等中小政党结盟才能赢得议会的多数席位。因此，宗教政党在一定程度上扮演了关键的第三方角色，而"贤哲会（法派）"因在俾路支省和开伯尔—普什图赫瓦省拥有一定民众支持而更受"人民党"和"穆斯林联盟（谢里夫派）"的青睐。1993—1996年贝·布托执政时期，"贤哲会（法派）"成为"人民党"的政治盟友，其领导人法兹尔·拉赫曼担任议会外交事务委员会主席。2008年，"贤哲会（法派）"在大选中力挺"人民党"，支持"人民党"主导的政府以保护自身政治利益，推介伊斯兰意识形态。

在2002年大选中，由6个宗教性政党组成的"联合行动阵线"曾一举成为巴基斯坦议会中的第三大党。尽管在以后的选举中，宗教势力并没有取得多大的成果。譬如在2008年大选时，该宗教联盟破裂，所获议席很少；在2013年大选中，宗教性政党联合参选的效果不佳，在议会中，伊斯兰神学会11席，伊斯兰大会党3席，难以重现辉煌，总体上对国家政局的影响有限。

（三）外部因素

自从印巴分治以来，印巴两国实力对比的失衡使巴基斯坦对自身的生存产生了严重的危机感，抗衡印度成为巴基斯坦的战略需要。在国际体系中，有两种抗衡对手的方法：内部抗衡和外部抗衡。前者依靠动员内部力量，而后者则是利用外部力量。在巴看来，联合其他大国对印度进行外部抗衡无疑是一种更为行之有效的方法。这也是巴基斯坦独立以来长期坚持的根本外交战略。其中与美国的结盟关系成为巴不同时期对外政策的主轴。

实践表明，美国对巴基斯坦政策是典型的实用主义政策，其根本出发点在于巴基斯坦是否对实现和确保美国的国家利益具有实际价值。"9·11"事件后，美国将恐怖主义和大规模杀伤性武器及其技术的结合确定为其面临的最严重威胁。作为全球反恐战争的开端，美国发动了阿富汗战争。穆沙拉夫政府经过权衡利弊，加入了美国的全球反恐联盟，再次成为前线国家。巴基斯坦取得美国非北约盟国的地位，并从美国获得大量的军事和经济援助。政变上台的穆沙拉夫政权一方面从国际社会获得政权合法性，另一方面又利用获得的援助来大力发展国内经济，以寻求其政权的国内合法性。

作为反恐盟友的美国需要一个怎样的巴基斯坦呢？美国的议程是非常清晰的：美国希望出现一个亲西方的巴基斯坦、一个稳定的巴基斯坦、一个繁荣的巴基斯坦、一个民主的巴基斯坦。但是，这些次序是不能打乱的。也就是说，亲西方才是美国对巴基斯坦政策的最高诉求，而民主并不是美国利益的首选。实际证明，美国对伊斯兰世界实行的都是这样一种政策。因而，为了确保一个亲西方或者说亲美国的政府执政，美国大使馆以及大部分的美国驻巴基斯坦大使都成为巴基斯坦政治进程的主要参与者。

考虑到反恐战争的长期性和复杂性,在相当长一段时期内,巴基斯坦还将作为反恐战争的前线国家而存在,对于美国的国家安全利益而言,巴基斯坦还具有重要价值。因而,巴基斯坦国内政局的走向关乎美国的切身利益,美国对巴基斯坦国内政治的关注和影响还长期存在。但显然,美国并不关心巴基斯坦是否能够实行民主政治,美国更关心的是巴基斯坦政府能否有效地执行符合其利益的反恐战略。除了强大的政治影响之外,美国对巴基斯坦国内政治的影响将主要体现在对巴基斯坦的军事和经济援助上,这将会是美国影响巴基斯坦国内政局发展的主要杠杆。美国最能接受的一种政治格局是军人力量与世俗政党共同执政,在此情形下,美国不仅能够找到民主的"面子",同时也能实现反恐的"里子"。美国极力撮合穆沙拉夫政府与人民党进行合作,原因就在于这样一种权力构成模式不仅有利于巴自身政局的稳定,更符合美国反恐防扩散的安全利益与民主推广的价值利益。

第三章　巴基斯坦的经济

第一节　巴基斯坦基本经济结构

巴基斯坦人口 2.08 亿（居世界第六），人均国内生产总值为 1363 美元，2021 年，世界排名第 181 位。近年来，巴基斯坦经济发展的潜力逐渐发挥出来。根据巴基斯坦官方公布的数据，2016 年，近 40% 的巴基斯坦人口处于严重贫困之中。巴基斯坦《论坛快报》2021 年 10 月 31 日报道，本财年第一季度（2021 年 7—9 月），巴联邦预算赤字为 7450 亿卢比，相当于国内生产总值的 1.4%，相较于上财年同期联邦预算赤字 5290 亿卢比（占国内生产总值 1.2%），增加 2160 亿卢比。就购买力平价而言，巴基斯坦人均 5964 美元，在世界排名第 174 位。

一、农业

农业是巴基斯坦经济的生命线，2018—2019 财年，巴基斯坦农业产值增加 0.85%，占其国内生产总值的 18.5%，为 38.5% 的劳动力提供就业机会，以农业为生计的人口占全国人口的 59.5%。巴基斯坦主要农作物有小麦、大米、玉米、棉花、甘蔗，产量占农业增加值的 21.90% 和国内生产总值的 4.06%，其中最大的粮食作物是小麦。2019—2020 财年，巴基斯坦生产了 2494.6 万吨小麦。其他重要农产品包括水果、蔬菜、牛奶、牛肉、羊肉等。此外，其他经济类作物也占据了本国出口经济的相当一部分。其出口作物主要包括大米、棉花、鱼类、水果（特别是橙子和芒果），以及蔬菜和进口植物油、小麦、豆类和消费品。该国是亚洲最大的骆驼市场，第二大的杏和酥油市场，第三大的棉花、洋葱和牛奶市场。随着第二、三产业的发展，其国内农业的经济重要性已经相对下降，占国内生产总值的比重约为 53%。

巴基斯坦的主要自然资源是可耕地和水，种植面积占土地总面积的约 25%，并拥有世界上最大的灌溉系统之一——浇灌，灌溉面积比俄罗斯多三倍。农业受益于其得天独厚的气候条件，境内气候适宜，非常适合农作物生长。

巴基斯坦财政部数据显示，2018—2019 财年，在巴基斯坦国内生产总值中，农业、工业和服务业所占的比重分别为 18.74%、19.74%、61.52%。同时，巴基斯坦国内有专门为农业提供资金支持的金融机构，如巴基斯坦农业发展银行，是其最大的金融机构，通过提供金融服务和技术专长为农业发展服务。继 1993 年由于天气问题造成的农业减产之后，巴基斯坦政府出台了农业扶持政策，并进一步扩大支持力度。

二、矿业

巴基斯坦拥有丰富的矿产资源，矿产勘探/开采成为一个非常有前途的领域。根据现有资料显示，全国露头面积超过60万平方公里，显示出金属和非金属矿床的不同地质潜力。在宪法第十八修正案后，各省都可以在他们的管辖范围内自由开采矿产资源。采矿业占工业部门的13.91%，占国内生产总值的比重为2.90%。根据巴基斯坦经济调查，2020年2—7月，巴基斯坦的采矿和采石业出现了8.82%的负增长，较去年同期下降3.19%，采矿和采石业仅占巴基斯坦国内生产总值的2.51%。巴基斯坦的矿产开采量仅占资源潜力的0.005%，通过更好的勘探开发路线图和投资增加矿产开采量，矿产部门对国内生产总值的贡献将增加一倍。政府机构和跨国采矿公司的勘探提供了充足的证据，证明发现了相当大的矿藏。旁遮普省盾构地区的硫化物带以下厚厚的氧化带覆盖着厚厚的冲积层，为金属矿产勘探开辟了新的前景。巴基斯坦有一个工业矿物的大型基地。在信德省塔尔发现储量超过1750亿吨的煤炭储量。巴基斯坦宝石也有巨大的开发潜力。

三、工业

2019—2020财年，巴基斯坦工业产值占国内生产总值的19.29%，工业增长率为-2.64%。制造业是工业部门中最具活力的子部门，占工业部门的64.4%，占国内生产总值的比重为13.45%。制造业进一步可分三大部分，大规模生产工业部门占51.26%，小规模制造业占比为8.80%，屠宰在行业中占比4.34%。工业主要部门包括水泥、化肥、食用油、糖、钢铁、烟草、化工、机械和食品加工。政府正在对大规模的工业单位实行私有化，公共部门占工业总产值的比例下降，工业总产值（包括私营部门）的增长速度加快。政府的政策目标是实现国家工业基础的多元化，支持出口产业。大型制造业是巴基斯坦经济增长最快的行业。主要行业包括纺织、化肥、水泥、炼油厂、乳制品、食品加工、饮料、建筑材料、服装、纸制品和虾。在中小企业发展局的经济调查报告中，巴基斯坦中小企业对巴基斯坦的国内生产总值有重大贡献，中小企业在年度国内生产总值中所占份额为40%，中小企业为技术工人和创业者创造了大量的就业机会。中小规模公司占巴基斯坦所有企业的近90%，雇用了80%的非农业劳动力。这些数字显示了这一领域进一步增长的潜力。

四、建材

1947年，巴基斯坦继承了四个总容量为50万吨的水泥厂。根据全巴水泥生厂商协会的统计，2018—2019财年，巴基斯坦水泥总体产能3992万吨，出口2.21亿美元，出口额较上年增长32.81%。由27个工厂组成的水泥部门向国家财政部门捐赠300亿卢比以上。2013年，巴基斯坦的水泥发展迅速，主要是因为阿富汗和各国推动房地产行业的需求。2013年巴基斯坦出口了7 708 557吨水泥。在2012—2013年，巴基斯坦水泥行业成为盈利最多的行业。

五、信息通信技术产业

巴基斯坦 2000 年开始对外开放电信行业，大量外资涌入，推动行业高速增长。巴基斯坦穆盟（谢里夫派）政府制定了《2015 电信发展政策》，旨在通过开放、竞争和管理完善的市场，提供全覆盖、买得起和高质量的电信服务。2018 年 5 月，巴基斯坦信息科技和电信部发布首个"数字巴基斯坦"政策文件，政策中包含多项对信息科技服务行业的优惠政策，包括延长免税期、实行 5% 的出口现金退税、免除 5% 的国内服务业销售税以及对信息科技行业给予优惠银行贷款等措施，旨在为巴基斯坦创造一个快速、创新的数字服务、信息应用以及科技服务的数字生态系统。根据巴基斯坦电信部公布的 2018—2019 年度报告，截至 2019 年 6 月底，巴基斯坦正式注册的电信及相关科技服务企业已达 2013 个。巴基斯坦现有四家大型移动通信运营商 JAZZ、TELENOR、ZONG、UFONE，总用户达 1.64 亿。截至 2019 年 12 月，按用户量，四大运营商排名为 JAZZ（5995 万）、TELENOR（4540 万）、ZONG（3562 万）和 UFONE（2306 万），按基站总数排名为 JAZZ（13300 个）、ZONG（12600 个）、TELENOR（11900 个）、UFONE（8900 个）。其中，ZONG 由中国移动在巴基斯坦设立的全资子公司中国移动辛姆巴科公司运营。目前，巴基斯坦宽带用户达 5800 万，3G 和 4G 用户达 5600 万，电话用户约 265 万。但受经济发展水平、人口密度、地质状况等因素影响，北部高海拔地区、部落和偏远农村的通信网络建设相对落后。

六、国防工业

巴基斯坦国防工业部于1951年9月成立，当时主要是为促进和协调自独立以来发展起来的军事生产设施的组装。目前巴基斯坦国防工业部门积极参与许多联合生产项目，如"哈立德2"、教练机、作战飞机、海军舰艇和潜艇等。巴基斯坦正在向40多个国家销售武器，每年带来2000万美元收益。2004—2008年和2009—2013年间，巴基斯坦从中国的武器进口增长了119%，占巴进口总量的54%，从美国进口的约占27%。

七、纺织品

大部分的纺织工业都在旁遮普邦做产品。巴基斯坦占美国进口服装和其他纺织品市场的10%。

八、其他

截至2010年，巴基斯坦是全球最大的压缩天然气用户之一。目前，全国99个城镇有3000多台压缩天然气加气站在运行，未来两年还将新增1000多台压缩天然气加气站。它已经为巴基斯坦5万多人提供了就业机会。

九、服务业

巴基斯坦服务业约占国内生产总值的53.3%。交通运输、仓储、通讯、金融、保险占24%，批发零售占30%左右。巴基斯坦正试图通过长期免税等措施来推动信息产业和其他现代服务业发展。

十、电信业

电信行业放松管制后，行业呈现指数式增长。巴基斯坦电信管理局数据显示，截至2021年3月，巴移动用户数量已达到1.83亿，普及率近85%，其中3G和4G用户达到9800万。另外，全国有超过600万台固定电话，即使在偏远地区，也可通过无线本地环路①实现100%的光纤网络覆盖。因此，巴基斯坦在2006年赢得了全球移动通信系统协会著名的政府领导奖。

自开放以来，巴基斯坦电信部门吸引了超过90亿美元的外国投资。但2021财年第一季度，吸引外国投资跌幅最大的是通信领域，仅为3750万美元，上一财年同期为3.074亿美元。

随着互联网用户和互联网服务提供商数量的迅速增长，以及讲英语的人口增多，巴基斯坦社会发生了一场空前的通信革命。

根据《个人电脑世界》统计，2008—2009年圣诞节期间，亚太地区的Acision短信系统共发送了63.7亿条短信。巴基斯坦是排名

---

① 无线本地环路是通过无线信号取代电缆线，连接用户和公共交换电话网络（PSTN）的一种技术。该系统包括无线接入系统、专用固定无线接入以及固定蜂窝系统。

前五的国家之一，拥有最高的短信流量和7.63亿条短信。2010年8月14日，巴基斯坦成为全球第一个体验EVDO RevB 3G技术的国家，该技术的最高速度为9.3 Mbit/s。3G和4G通过同步多轮拍卖于2014年4月23日在巴基斯坦同时启动。五分之三的公司获得了3G牌照，即UFONE、Mobilink和TELENOR，而中国移动的ZONG获得了3G以及4G牌照。而第五家公司Warid Pakistan没有参与拍卖程序，但是由于技术中立条件，他们在现有的2G 1800MHz频段上推出了4G LTE服务，成为世界上第一家将电信运营商从2G直接转变为4G的电信公司。2017年7月，巴基斯坦的3G和4G用户达到了4300万。随着宽带互联网用户数量的快速增长，巴基斯坦在全球宽带互联网增长方面排名第四。此排名由全球研究中心Point Topic全球宽带分析公布。据国际市场研究机构的数据，巴基斯坦的3G/4G覆盖率为35.21%，意味着超过7000多万巴基斯坦用户已连接互联网，且在2020年至2021年之间，巴基斯坦互联网用户数量增加了1100万（增长21%），虽然相对于很多国家来说巴基斯坦的互联网发展程度不高，但却有着惊人的市场潜力。几乎所有主要的政府部门、组织和机构都有自己的网站。搜索引擎和即时通信服务的使用也在蓬勃发展。巴基斯坦人是互联网上最热情的聊天者，与全世界的用户进行交流。近年来，在线婚姻服务的使用大量增加，导致巴基斯坦婚姻传统的重新调整。

十一、运输

巴基斯坦民航业的旗舰航空公司巴基斯坦国际航空公司在2015年的营业额超过250亿美元。政府于2006年宣布了一项新的航运政策，允许银行和金融机构抵押船舶。巴基斯坦的私营航空公司蓝色航空公司，除了在英国的波斯湾和曼彻斯特的目的地之外，还服务于巴基斯坦的主要城市。另一家私营航空公司是沙河航空国际，其网络覆盖巴基斯坦和波斯湾的主要城市。巴基斯坦铁路五年10亿美元的大规模复兴计划已于2005年由政府宣布。从伊斯兰堡到伊斯坦布尔，经由伊朗城市扎赫丹，克尔曼和德黑兰将实现新的铁路连接。预计将促进贸易、旅游，尤其是针对欧洲的出口。

十二、金融

巴基斯坦的银行业在2008—2009年的世界金融危机期间依然保持强劲和富有弹性，这一特点吸引了大量的外商直接投资。巴基斯坦《2020年金融稳定性评估报告》显示，在2020年，尽管受疫情影响，巴金融体系仍保持了较好的韧性，银行业资产同比增长14.24%，利润大幅上扬42.92%，主要原因是2019年3月至6月，巴央行大幅下调政策利率，从而降低了存款成本。

巴基斯坦当地信用卡使用不普遍，仅在大城市的大型商铺配有POS机。中国国内发行的维萨信用卡、万事达卡和银联信用卡均可在当地使用。

自2000年以来，巴基斯坦的银行已经开始积极向新兴的中产阶级提供消费金融服务，从而实现消费热潮（某些车型的等候名单超过7个月）。巴基斯坦统计局在2012年对这一部门进行的临时估价为807.807亿卢比，自2000年以来增长超过510%。格林威治大学的梅特·费里登和他的巴基斯坦同事阿卜杜勒·贾里尔在《亚太经济》杂志上发表的一篇文章提供了强有力的经济计量证据，证明金融发展促进了巴基斯坦的经济增长。

十三、住房

自2001年以来，房地产行业已经扩大了23倍，特别是像拉合尔这样的大都市。尽管如此，卡拉奇工商会在2006年年底估计，巴基斯坦住房每年增加到50万套，以解决巴基斯坦积压610万的住房，应对未来20年的住房短缺。报告指出，目前的住房也在迅速老化，估计50%以上的住房房龄超过50年。据估计，目前有50%的城市居民居住在贫民窟和寮屋区。报告指出，积压住房，除了更换旧房以外，超出了政府的财力。这就需要建立一个框架来促进正规私营部门的融资，并动员非政府资源来建立一个以市场为基础的住房融资体系。巴基斯坦统计局在2012年对这一部门暂时估价45882.9亿卢比，自2006年以来增长了149%以上。

第二节　巴基斯坦经济布局

巴基斯坦拥有2.08亿人口，土地主要是农业用地。虽然作为一个农业国，但农业并不是巴基斯坦唯一的行业。巴基斯坦拥有一个巨大的体育产业，几乎为全世界所有运动提供服务。从世界杯足球赛到用于战斗运动的防护装备，巴基斯坦在制造各种高质量的运动产品方面取得了骄人的成绩。数据显示，2021年6月，巴主要出口商品包括针织品（641.87亿卢比）、成衣（508.95亿卢比）、床上用品（466.94亿卢比）、棉布（319.8亿卢比）、棉纱（188.85亿卢比）、大米（181.90亿卢比）、毛巾（154.65亿卢比）、化妆品（123.42亿卢比）、水果（117.92亿卢比）和巴斯马蒂香米（107.22亿卢比）。

一、外贸结构

巴基斯坦是1947年成立的《关税与贸易总协定》和1995年成立的世界贸易组织的创始成员之一。自由贸易协定：《巴基斯坦—斯里兰卡自贸协定》（2002年6月签署，2005年6月实施），《南亚自贸区协定》（2004年1月签署，2006年1月实施），《巴基斯坦—中国自贸协定》（2006年11月签署，2007年7月实施），《巴基斯坦—马来西亚更紧密经贸关系协定》（2007年12月签署，2008年1月实施）。此外，巴基斯坦正与印度尼西亚、新加坡、海湾合作委员会等进行自贸区谈判。优惠贸易安排包括《巴基斯坦—伊朗优惠贸易安排》（2004年签署，暂未实施），《伊斯兰发展中八国集团优惠贸易协议》（2006年5月签署，暂未实施），《巴基斯坦—毛里求斯优惠贸易安排》（2007年7月签署，2007年12月实施）。主要贸易伙伴：前10大贸易伙伴分别为沙特、中国、阿联酋、科威特、美国、日本、印度、马来西亚、德国、印尼；前10大出口目的地为美国、阿联酋、阿富汗、英国、德国、意大利、中国、西班牙、香港、荷兰；前10大进口来源国为沙特、中国、阿联酋、科威特、美国、日本、印度、马来西亚、德国、印尼。据中国驻巴基斯坦使馆经济商务处消息，巴媒《观察家报》报道，巴基斯坦2021财年（2020年6月至2021年7月）出口总额为253.04亿美元，同比增长18.28%。其中，2021年6月出口额为27.29亿美元，较去年同期增长70.67%。贸易结构：巴基斯坦对外贸易可出口商品种类少，出口市场比较集中。主要出口商品为：纺织品、大米、皮革及制品、石油产品、化学产品（含药品），上述五类商品占巴基斯坦出口总额的80%以上。其他主要出口商品为水泥、体育用品、医疗用具、地毯、水产品、机械、交通工具及零部件、珠宝、果蔬等。主要进口商品为：原油及石油产品、机械及运输工具、化学产品（塑料、药品等）、食品、动植物油脂（植物油为主）、钢铁产品、煤炭，上述七类商品占巴基斯坦进口总额的80%以上。其他主要进口商品包括钢铁废料、金属及制品、纸及纸板、轮胎、铁矿石、人造纤维等。

二、投资结构

巴基斯坦制定投资政策的目标是为投资者创造一个友善的投资环境。和其他绝大多数发展中国家一样，巴基斯坦对外商投资实行鼓励和优惠政策，而且外国投资者与国内投资者享有同等的待遇。世界经济论坛《2019年全球竞争力报告》显示，巴基斯坦在全球最具竞争力的141个国家和地区中位列107位。世界银行《2020年全球营商环境报告》显示，在190个经济体中，巴基斯坦位列108位。巴政府推行广泛的结构改革，改善投资环境，大力吸引外资，鼓励投资，外商允许拥有100%股权，允许自由汇出资金。2020—2021财年，巴吸引外资30亿美元，主要投资领域为：油气开采、金融服务、通信、化工、建筑、交通、能源、纺织业等。外资主要来源为美国、英国、阿联酋。投资领域集中在油气开发、食品及食品包装、石油提炼和金融，占利用外资总额的90%。投资面临的问题：电力短缺，基础设施落后，通货膨胀居高不下，经营成本不断上升，政局时有动荡，安全形势严峻。

巴基斯坦是较早接受"建设—经营—转让"模式的发展中国家之一。20世纪90年代长期以来，巴基斯坦先后公布了数十个可采取"建设—经营—转让"模式的项目，主要包括水电、公路、港口、城轨等领域，绝大多数或未真正列入巴基斯坦政府对外引资计划，或没有投资者问津，或最终仍由政府自主融资建设。"建设—经营—转让"项目一般由主管中央或省辖部委提出（如交通部、水电部、铁道部等），由国家公路部、水电发展署等负责具体流程，年限通常为25—30年。

三、经济总量与人均收入

巴基斯坦人口增长速度较快，人力资本开发程度不高。自独立以来，巴基斯坦的人口一直保持较高的增长率。1990—2008年，世界人口增速年均为1.3%，低收入国家为2.2%，下中等收入国家为1.4%，南亚国家为1.7%，巴基斯坦为2.4%。巴基斯坦《黎明报》2020年7月20日报道，美国人口参考局发布的2020年世界人口报告显示，巴基斯坦正在以每对夫妇养育3.6个孩子的年生育率迅速增长。人口增长较快，会抵消相当大的一部分经济增长成果，还会对生态环境和社会发展带来一系列不利影响。此外，巴基斯坦婴幼儿死亡率、孕产妇死亡率等也较高。在人类发展指数项目上，根据联合国开发计划署《2014年人类发展报告》，在有统计数据的187个国家和地区中，2013年巴基斯坦仅排名第146位，属于发展程度低的国家。尽管巴基斯坦在1947年是一个非常贫穷的国家，但在随后的40年中，巴基斯坦的经济增长速度好于全球平均水平，但不谨慎的政策导致了20世纪90年代后期发展的放缓。近年来，广泛的经济改革带来了更强劲的经济前景，特别是制造业和金融服务业的增长加快。外汇头寸大幅增加，硬通货储备快速增长。2005年的外债接近400亿美元。不过，近几年来，在国际货币基金组织的协助下和美国的重大债务减免方面，这一数字有所下降。巴基斯坦的贫困率估计在23%—28%之间。巴基斯坦的GDP增长率在过去五年里稳步上升。然而，通胀压力和储蓄率低以及其他经济因素可能导致其难以维持高增长率。巴基斯坦经济结构已经从以农业为主转变为服务业为主。现在农业只占国内生产总值的20%左右，服务业占国内生产总值的53%，批发零售业占30%。

第三节 巴基斯坦的经济现状分析

曾被美国《外交政策》和美国和平基金会在2006年评为全球第九大"失败国家"的巴基斯坦，近些年来的经济增长率远高于美国、印度等国家。

巴基斯坦《商业纪事报》2021年9月22日报道，国际评级机构惠誉预测巴基斯坦2021—2022财年（2021年7月—2022年6月）实际国内生产总值增长率将达4.2%，高于2020—2021财年（2020年7月—2021年6月）的3.9%。

新冠肺炎疫苗接种率的提高、宽松的货币政策、积极的财政政策是巴2021财年国内生产总值增长率预计将提高的主要原因。巴央行编制的巴基斯坦商业信心指数在2021年6月份创下有史以来的最高水平，反映出市场对巴基斯坦经济前景的乐观情绪。

但是，巴经济也正面临不容忽视的过热风险，由于国内需求强劲和油价上涨，进口增长将快于出口增长，这将对巴外汇储备和卢比汇率带来进一步的压力。此外，巴基斯坦塔利班等暴恐组织构成的安全威胁也给巴经济带来较大不确定性。

巴基斯坦经济增长呈现出大起大落的发展态势，经济高速增长和负增长往往是短暂的，大部分时期处于低增长的状态。1961—2014年间，出现了三次加速增长时期，特别是1970年为11.35%、1980年为10.22%，近年来在2005年最高为7.67%；始终保持在每年至少5%的增长率的有三个时期：1963—1966年、1980—1983年、2004—2007年；但在1971—1972年、1993年、1997年、2001年、2009年却为负增长，经济总体波动较大。总体看，巴基斯坦经济呈现低增长的态势，1961—2014年间的平均增长率为4.85%，国内生产总值由1961年的37.07亿美元增长至2014年的2436.32亿美元，增长近66倍。受2008—2009年金融危机影响，巴基斯坦经济增长率出现下降，但在2010年度逐步回升，2014—2015年度由于受能源短缺、政党抗议、农作物受灾减产等影响，未达到5.1%的增长目标，实际增长率为4.24%，目前尚处于不断复苏的低增长状态。

表3-1 2014—2019财年巴基斯坦经济增长情况（以卢比计）

财政年度	国内生产总值（万亿卢比）	增长率（%）
2014—2015年	26.09	4.24
2015—2016年	27.40	4.51
2016—2017年	31.86	5.28

续表

财政年度	国内生产总值（万亿卢比）	增长率（%）
2017—2018 年	34.40	5.79
2018—2019 年	38.60	3.30

资料来源：中华人民共和国商务部及巴基斯坦统计局。

一、农业乃是支柱产业，服务业发展较快

从表 3-2 可以看出，巴基斯坦的产业结构中农业和服务业占比较高，工业发展明显不足。虽然自 1961 年以来农业的增长速度放慢，占国内生产总值的比例降低，但农业依然是巴基斯坦的支柱产业。农业产业在吸纳劳动力就业、为其他行业提供原材料、促进棉纺织业出口等方面都起着重要作用。巴基斯坦工业产业在建国初期基础薄弱，到 20 世纪六七十年代得到较快增长，然而在 2000 年的增长率减缓至 1.27%，这种减缓主要是由于国家分裂和工业国有化导致的。近几年发展依然缓慢，在国内生产总值的份额中维持在占比 20% 的状态。值得关注的是巴基斯坦的服务业在国内生产总值中增长较快由 1961 年的 38.2% 增加至 2014 年的 54.1%。2014—2015 年度巴经济整体增长 4.24%，其中农业部门、工业部门、服务业部门的贡献分别为：0.61%、0.74%、2.89%，服务业成为带动巴经济增长的主要产业。服务业的快速增长主要是由于内部结构的变化，批发零售贸易和运输、仓储和通信两大传统服务产业依然是支柱，金融、保险、商务、科技等新兴服务行业虽比重不高，但表现出强劲的增长势头。服务业在农业还是支柱产业、工业还没有发展起来的情况下，过早超过了工业和农业，与大多数国家的产业结构变动规律不符，显得不太合理。

表3-2 巴基斯坦产业结构变动情况

内容	1961年	1970年	1980年	1990年	2000年	2005年	2010年	2014年
农业增加值（亿美元）	17.19	33.52	62.79	92.27	178.52	221.41	413.03	581.58
农业增加值年增长率（%）	-0.20	9.55	6.61	3.03	6.09	6.48	0.23	2.69
农业增加值占国内生产总值的百分比（%）	45.00	36.80	29.50	26.00	25.90	21.50	24.30	25.00
工业增加值（亿美元）	6.40	20.32	53.02	89.47	160.59	279.54	349.84	485.51
工业增加值年增长率（%）	17.83	15.25	10.77	6.43	1.27	12.12	3.42	4.45
工业增加值占国内生产总值的百分比	16.80	22.30	24.90	25.20	23.30	27.10	20.60	20.90
服务等附加值（亿美元）	14.56	37.18	96.92	173.45	349.37	530.52	937.40	1256.10
服务等附加值年增长率（%）	5.88	7.03	5.91	4.48	4.15	8.71	3.21	4.37
服务等附加值占国内生产总值的百分比（%）	38.20	40.80	45.60	48.80	50.70	51.40	55.10	54.10

资料来源：作者根据巴基斯坦政府相关公布数据整理。

二、对外贸易集中度较高

对外贸易在巴基斯坦国民经济中具有重要作用，近年来，巴基斯坦对外贸易总额不断增加，2014年贸易总量占到国内生产总值的29.7%。从进出口总额看，进口量较出口量增长较快，巴基斯坦始终处于贸易逆差的状态，且逆差额呈现逐年扩大的趋势，2014年逆差达228.23亿美元。作为净进口国，巴基斯坦也成为国际大宗商品价格下跌的受益方，进口价格下跌的受益大于出口价格下跌的损失，对巴经济增长起到了一定推动作用，但同时部分价格低廉的进口商品也挤占了国内产品的市场空间。

表3-3　巴基斯坦对外贸易统计　　　　　（单位：亿美元）

年份	总值	进口额	出口额	差额
2003年	249.79	130.49	119.30	-11.19
2004年	313.28	179.49	133.79	-45.70
2005年	411.47	250.97	160.50	-90.46
2006年	467.59	298.26	169.33	-128.93
2007年	504.32	325.94	178.38	-147.56
2008年	626.06	423.27	202.79	-220.48
2009年	491.38	315.84	175.55	-140.29
2010年	589.50	375.37	214.13	-161.24
2011年	689.22	435.78	253.44	-182.34
2012年	684.27	438.13	246.14	-192.00
2013年	688.96	437.75	251.21	-186.54
2014年	722.67	475.45	247.22	-228.23

资料来源：作者根据巴基斯坦政府相关公布数据整理。

按照国际贸易标准分类协调制度（2012）对商品贸易的分类，巴基斯坦在2014年对外贸易占比前十位的商品可以看出，巴基斯坦的对外贸易产品相对集中，出口产品非常有限。进口产品以矿产类占比最高，其中主要是指石油及石油制品、矿物油类、电力等产品的进口（其中主要是石油），占到总进口的31%，主要进口国为阿联酋、沙特、科威特等国家。此外是机电、设备及其附件类产品，主要从中国、美国、德国等进口。进口占比较高还有钢铁、油脂类、化学品、塑料制品等。综合来看，巴基斯坦主要进口来源地是中国、阿联酋、沙特阿拉伯、科威特和美国，2014年从这五国的进口额占进口总额的54.3%。

表3-4 巴基斯坦对外贸易前十

排名	进口商品 内容	协调制度编码	进口总额（亿美元）	占进口总额的比重	出口商品 内容	协调制度编码	出口总额（亿美元）	占出口总额的比重
1	矿物燃料、矿物油及其产品；沥青等	27	148.22	0.311	棉花	52	47.31	0.192
2	核反应堆、锅炉、机械器具及零件	84	39.27	0.082	其他纺织制品；成套物品；旧纺织品	63	39.06	0.158
3	电机、电气、音像设备及其零附件	85	33.46	0.070	针织或钩编的服装及衣着附件	61	24.03	0.097
4	钢铁	72	23.02	0.048	谷物	10	22.11	0.090
5	动、植物油、脂、蜡；精致食用油脂	15	21.50	0.045	非针织或非钩编的服装及衣着附件	62	19.85	0.081
6	有机化学品	29	19.64	0.041	皮革制品；旅行箱包；动物肠线制品	42	7.42	0.030

续表

排名	进口商品 内容	协调制度编码	进口总额（亿美元）	占进口总额的比重	出口商品 内容	协调制度编码	出口总额（亿美元）	占出口总额的比重
7	塑料及其制品	39	19.52	0.041	盐；硫磺；土及石料；石灰及水泥等	25	6.94	0.028
8	车辆及其零附件，但铁道车辆除外	87	13.14	0.028	矿物燃料、矿物油及其产品；沥青等	27	6.48	0.026
9	肥料	31	8.13	0.017	生皮（毛皮除外）及皮革	41	5.48	0.022
10	油籽；子仁；工业或药用植物；饲料	12	7.81	0.016	糖及糖食	17	4.39	0.018

资料来源：作者根据巴基斯坦政府相关公布数据整理。

　　从巴基斯坦出口产品品种看，出口产品主要以原材料类产品为主，棉花、纺织品和食品是巴最主要的出口商品，出口占比排名在第1位、第2位、第3位和第5位的产品都属于纺织原料及纺织品类产品，占到出口总额的52.8%。谷物、皮革制品、石料、矿石等也是主要的出口产品。出口产品品种有限、产品附加值低、主要是原材料类产品为主，对巴基斯坦经济发展的带动作用不明显。从出口目的地看主要是美国、中国、阿富汗、英国和阿联酋等国，2014年度巴对这五国的出口额占出口总额的43.5%。

三、人口与就业

从人口规模看，巴基斯坦人口总数位列世界第6位。长期以来，巴基斯坦的人口一直保持较高的增长率，总人口数从1947年的3250万增长到2021年的2.08亿，年均增长率为1.93%。其中在1961—1972年间人口增长率较高，平均增长率为3.88%，20世纪80年代代后随着生育率的下降，人口增速逐渐减缓，2015年的人口增长率为1.92%。与世界平均人口增速相比，巴基斯坦仍属于人口增长较快的国家。从人口年龄结构看，0—14岁、15—64岁、65岁及以上人口比例由1980年的42.9%、53.2%、3.9%变为2015年32.9%、40%、6.9%，人口年龄结构相对年轻。联合国教科文数据显示，当前小学适龄人口入学率可以达到76%，中学为45%，教育支出约占其国内生产总值的2.76%，10岁以上人口识字率仅为62.3%左右，其中男性72.5%，女性51.8%。巴基斯坦是南亚国家中城镇化进展较快的国家，1981年、2000年、2015年的城镇化率分别为28.3%、32.9%、39.2%，城市化水平不断增加。

根据巴基斯坦计划部《2018—2019年报》数据显示，巴基斯坦全国共有劳动力6550万人，就业人口约6171万人，失业人口379万人，失业率约5.79%，其中男性失业率5.07%，女性失业率8.27%。从年龄结构看，巴基斯坦15—24岁青年总数约4012万人，青年劳动力1657万人，2018—2019财年青年劳动力失业率为11.1%。从图3-1可以看出巴就业结构从1995年到2014年基本没有发生显著变化，农业仍然是劳动力人口最集中的部门，然而对于只占国内生产总值25%的农业部门而言,其生产率远低于其他部门。工业就业人数比例较服务业略有增加,但总体明显不足。服务业就业人数比例变动不大。

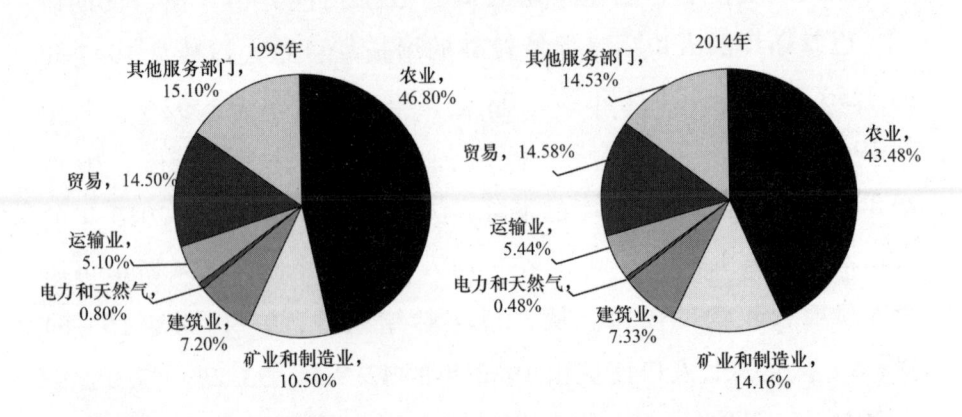

图3-1 巴基斯坦1995年和2014年度主要产业就业比例

资料来源:巴基斯坦联邦统计局:劳动力调查。

巴基斯坦是劳务输出大国,1971—2014年期间,780万巴基斯坦人通过联邦移民局在国外就业,其中,中东地区为49%、欧洲为28.2%、美国为16%。2014年在阿联酋、沙特、阿曼、马来西亚、卡塔尔五国巴基斯坦工人注册总数为73.34万人,其中以阿联酋和沙特最多。侨汇成为巴继出口外的第二大外汇来源,2014—2015年度侨汇收入184.54亿美元,较上一年度增长16.5%,其中沙特阿拉伯和阿联酋分别占到30.5%、22.8%。

第四节　巴基斯坦经济面临的困境与矛盾

一、通货膨胀率高，经济受政局动荡影响

巴基斯坦经济呈现出大起大落、极不稳定的发展态势，较高的通货膨胀率更是经济发展的"恶魔"。巴基斯坦有过高通胀时期也有过低通胀时期。在20世纪五六十年代，巴通胀率较低，基本不超过3%。通货膨胀率在20世纪70年代的增长，主要是由于国际石油价格的持续增长、卢比的持续贬值和较低的经济增长率，20世纪80年代降了下来，平均水平为7.2%。但20世纪90年代，通货膨胀率再一次增长，到1999—2003年度又有所减弱。受2008年爆发的全球金融危机的影响，巴基斯坦国内通货膨胀率在2008年一度高达20.3%，价格形势日益恶化，随后又受2010年洪水灾害影响，虽略有降低但仍然较高，到2013年基本有所缓和。

除由于受到国际经济波动、自然灾害等因素的影响，巴基斯坦国内政权频繁更替也是导致经济不稳定、高通货膨胀率的重要因素。巴基斯坦自20世纪70年代开始几乎每隔10年发生一次军事政变；特别是在民选政府执政期间，平均3年发生一次不同党派间的政府更换。在1978—1988年和1999—2007年的军政府执政期间，经济保持了较高的增长率和较低的通货膨胀率，而在民选政府执政期间，经济则呈现大起大落、高通货膨胀率的现象。这是因为军政府执政期间政权和政策相对稳定，而民选政府执政期间执政党频繁更替，政策不稳定，导致经济大起大落。在政党间政权更替的同时，还伴

随着重大冲突、恐怖主义活动、暴力事件和领导人遇刺等事件，严重影响外国投资者的信心，进而影响巴经济发展的内外环境。

二、工业化发展缓慢，制约经济发展

巴基斯坦自建国以来，虽然工业化取得一定成就，但其发展明显不足，成为制约巴基斯坦经济发展的主要"瓶颈"。按照世界银行的统计数据，2014年巴基斯坦国内的工业化比重为20.1%，只比建国初期时1960年的15.6%提高了4.5个百分点，在工业化占比最高的2005年仅为27.1%。目前巴基斯坦仍然停留在工业化的初期阶段，其工业水平还较低，工业门类不齐全，重工业和基础工业不发达，高科技产业很少，主要工业产业是纺织业、食品业。

巴基斯坦工业发展中的突出问题为：一是过去的工业增长并没有带来工业结构的转变和多样化发展，且继续进行着对传统工业的新投资。例如，2010年对糖、纺织、水泥、机器、肥料和炼油等六个规模型制造业的投资仍保持在1980年的水平。二是基础性工业如钢铁、冶金、重型机械、石化、基础化学、电子等在巴基斯坦几乎不存在，完全依赖国外进口。工业门类不齐全不仅制约了下游附属工业的发展，也无法实现向附加值高的高新产业转变。三是电力和燃气的严重短缺是工业发展的主要瓶颈。电力和燃气供应缺口大、建设资金缺乏、建设能力弱，难以满足经济社会发展需要。同时，工业发展中还存在基础设施落后、缺乏新投资、设备过时、技术水平低、缺乏管理和政策失误等问题。

巴基斯坦是正处在工业化起步中的农业国，农业部门效益偏低，经常受洪灾影响，抗风险能力差，不可能实现工业和服务业那样的持续高增长。工业化的缓慢发展，不能发挥对经济发展的推动力，反而造成对进口的依赖和扩大出口的制约。实现工业化是现代经济发展的必由之路，对巴基斯坦经济社会发展而言也是当务之急。

三、对外援助的高度依赖性

巴基斯坦自独立以来国内储蓄率一直偏低，投资率与储蓄率之间的差额主要通过国外资金来填补，这是巴基斯坦经济发展的一个突出特点。巴基斯坦自20世纪60年代开始大量接受外援资金，得到的外援资金数总体不断上升，除援巴财团外，中国是重要的援助国。巴基斯坦作为长期受援国，接受过规模庞大、种类繁多的援助。2013年10月至2014年9月间，巴基斯坦从9个主要援助国共获得76.24亿美元贷款和41.37亿美元无偿援助。其中，中国是对巴最大贷款国，贷款额65.14亿美元，排名其后的分别为韩国和沙特，贷款额分别为5亿美元和3.37亿美元。英国、美国和中国是排名前三的对巴无偿援助国，援助额分别为21.52亿美元、14.65亿美元和2.97亿美元。外援资金主要集中用于能源、道路基础设施建设、国防、地震和洪水救灾、公共安全、公共卫生、毒品控制、流离失所者安置以及水利项目等领域。外援资金呈现如下特点：从援助构成看，赠款减少，贷款增多；从援助方式看，工程技术援助增多；外援资金使用率下降，同时使巴政府外债负担增加。外援是巴基斯坦经济发展资金的重要来源，在基础设施建设、增强国民经济基础、缓解国内困境等方面起到关键性作用。在巴平均77%的投资来自国民储蓄，而高达23%的投资来自外部，在弥补投资、储蓄差距方面对外部资金呈现出较强依赖。

事实证明，西方国家的外援都附有明确的政治目的，是其推行对外政策、实现国家利益的重要工具。外援资金的流入虽然缓解了巴资金短缺的困难，但巴长期对外援的较强依赖，一方面加剧了财政赤字，另一方面其经济发展还受到援助国援助目标、援助政策的变化等影响，对其本身的经济发展政策造成一定程度的影响，导致巴政府很难制定长久的经济发展政策，或原本制定好的发展政策也会因受到干扰而无法顺利推进。援助国援助资金的大起大落、时断时续，直接影响到巴国内经济发展。以美国为例，美国因不满巴基斯坦推行核计划，自1999年起停止提供约为573亿美元的经济和军事援助，这给当时的巴基斯坦经济带来一定困难。而"9·11"事件后，基于巴对待反恐的明确态度和在美国对外战略中的地位提升，2001年11月美国总统布什接待来访的穆沙拉夫总统时公开表示，向巴提供10亿美元的援助，解除对巴的大多数制裁，并减免其对美国的债务。

四、国内其他经济问题

近年来巴基斯坦宏观经济形势总体有所好转，经济发展呈现出良好的发展态势，但巴基斯坦的经济可持续发展能力依然不够强，以下问题较为突出。

财政赤字率高。巴基斯坦在1984—1985年度税收盈余首次变为赤字并一直持续至今。后经20世纪90年代的财政调整和经济改革略有好转，财政赤字率由1990—1991年度的8.8%降至2003—2004年度的2.4%。然而自2005年以来，由于受全球经济危机、欧元区主权债务危机的外部冲击，加上巴经济增长缓慢、税收占国内生产总值低、政府补贴增加、无效支出等因素导致财政赤字率大幅增加，巴财政赤字连续几年保持在较高水平，尤其在2007—2008年度和2012—2013年度分别达到7.3%、8.2%。近几年巴政府通过审慎支出管理、增加税收收入、减少经常性支出等措施控制财政赤字率，到2014—2015年度降为5%。然而，在巴财政赤字率降低、实现财政政策目标的同时，经济增长率放缓，缩减了用于减贫、物质基础建设、人力资本投资和社会基础设施方面的开支。

储蓄率与投资率低。储蓄和投资是巴基斯坦国民核算账户中最薄弱的两个要素，国内较高的消费是造成国民储蓄较低的主要原因，投资需求超过国民收入的部分要靠国外资本流动来弥补。20世纪70年代总投资占国内生产总值年均为17.1%，国民储蓄率平均为11.2%；20世纪80年代以来投资比例进一步下降。进入2000年以来略有好转，2005—2006年度，国民储蓄率为15.2%，总投资占国内生产总值的19.3%；2013—2014年度分别为12.94%和13.99%。巴的投资总额一直低于国内生产总值的20%，研究表明投资率水平占到国内生产总值20%—25%之间是最合理的，这样的水平可以满足实现平衡经济目标所需要的置换成本以及增量需求。较高的储蓄率和投资率是实现经济增长至关重要的因素，巴的国际收支和财政状况又不允许依靠大量的外债来增加投资，因此必须进一步提高储蓄率和投资率。

此外，巴基斯坦基础设施落后，尤其是能源、水资源、通信和住房方面发展缓慢，成为经济增长的瓶颈。国内政局动荡不安、恐怖主义猖獗的社会形势无疑也对经济稳定运行有较大的负面影响。

第四章　巴基斯坦的文化与社会

巴基斯坦是亚洲的重要国家，建国以来在实现经济发展和社会进步方面取得相当大的成就，在国际舞台上也发挥着积极的作用。

巴基斯坦是个有古老文明和深厚文化积淀的国家。如今的巴基斯坦散发着伊斯兰文明的灿烂光辉，同时也夹杂着些许古老的印度教文明痕迹。伊斯兰教文明在这里起主导地位，但没有完全摒弃和消除印度教文明，而是在一定程度上包容吸纳了其某些因素。

巴基斯坦是一个文化多元的社会，正处于由传统社会向现代社会转变的过程中，新旧因素并存是其突出特点。在社会结构方面，新旧两种因素并存也表现得很突出：一方面，现代的社会分层和职业流动；另一方面，在落后的农村地区，还保留着职业世袭的旧习，而西北边境的大片地区甚至还完整保存着部落体制，一定程度上影响到国家的行政整合。

巴基斯坦现代化建设的历程坎坷曲折，但实现既定目标的大方向坚定不移。本章从巴基斯坦文化渊源与宗教出发再到对社会模式和文化的介绍，简要讲述巴基斯坦这个国家的全貌。

第四章 巴基斯坦的文化与社会

第一节 巴基斯坦的社会模式

一、社会模式概述

在巴基斯坦的西北部地区,完整的部落体制使普什图人过着更加传统的生活,存在着一部传统的作为普什图人长期道德规范和法律准绳的部落法典:普什图瓦里,该法典包括两部分的内容,一部分属于普什图人的传统习惯,另一部分是伊斯兰教法沙利亚。旁遮普是巴基斯坦人口最多的省份,在这里行会、协会体制取代了部落制度。旁遮普的农业和工业并步齐趋,是巴基斯坦最发达的地区,但有些城镇的社会风貌还是非常的淳朴。信德虽然人口没有旁遮普多,但众多种族同样使它绚丽多彩,在信德既可以看到从印度河文明到伊斯兰时期的传统、习俗和思想观念,又可以看到从英国殖民统治时期到当代的先进科技、西方文化的痕迹。

上述特征表明,巴基斯坦是一个多元化的社会,从早期的传统社会转化为后来的伊斯兰社会,同时也在接受现代的社会观念,努力使自己融入国际社会。

在历史长河中,巴基斯坦接受了多种宗教的影响,每一种宗教都留下了不可磨灭的印记,其中影响最为深远的是伊斯兰教,伊斯兰教始终坚持自己的宗教观、人生观和价值观,它的博爱与和平、平等与友爱、公正与忍让的原则,与印度教的种姓等级制度形成鲜明的对照。穆斯林与历史上进入次大陆的其他民族不同,他们在坚持自己的宗教信仰的同时,始终保持自己的社会习俗、道德伦理和文化艺术，因而出现一个与次大陆原有社会群体不同的社群。穆斯林和印度教徒生活在同一社会，相互影响、相互渗透是必然的，但他们又保持着各自的社会习俗和文化特点。

巴基斯坦成为一个独立的国家之后，基本上继承了原印度社会中伊斯兰教的社会模式和文化特点。

二、宗教派别

伊斯兰教主要分为两大教派：逊尼派和什叶派。逊尼派和什叶派是对立的两大教派，历史上曾发生无数次冲突，巴基斯坦穆斯林大多数为逊尼派教徒，逊尼派人数众多、分布最广，占全世界穆斯林的80%以上。

除了教义主张的差异之外，两派的法律体系也有差异。产生差异的原因主要是两个教派法律产生的社会历史环境不同。逊尼派反映的是刚脱离父系家长制大家族的古阿拉伯社会文化，而什叶派反映的是早已进入封建制社会、文明发展较早的波斯文化传统。除了一些特殊的宗教活动，两派很少有相似之处。

普遍认为巴基斯坦属于温和的伊斯兰教国家，但并不是说巴基斯坦不存在教派冲突。相反，由于社会历史、宗教文化等诸多因素，很多影响世界的伊斯兰思潮都诞生形成于南亚特别是巴基斯坦。诸多思潮的产生，致使巴基斯坦成为伊斯兰教派最多的国家。教派林立不仅表现在教义和神学理论上的差异，更重要的是代表着许多社会集团的利益，影响社会的进步和稳定。

三、部落体制

巴基斯坦的另外一个特色就是他的部落体制，这种部落体制在巴基斯坦的偏远地区表现得尤为明显，包含西北边境省、信德省和旁遮普省的一些偏远地区。在这些偏远地区，部落之间经常会因为水资源和土地发生严重的矛盾冲突。生活在这样的地区的人们为了自保，必须依靠集体的力量，因此，这些地区就以血缘为基础形成了一个个部落。这些地区因为地理和历史文化的影响，人们依靠部落的力量来保护自己，在早期就具有明显的部落特征。

在巴基斯坦的历史文化中，巴基斯坦的一些地区一直保持着部落的社会模式。虽然到后期有一定的变化，但其基本的构架并没有发生本质的改变。在部落体制中，氏族和部落是最早出现的，后来又有"图曼""塔格尔"家族。"图曼"是几个部落以血缘关系为基础联合成的部落联盟，它的核心是由几个血缘相近的部落形成，"图曼"并不是稳定无矛盾的，其内部经常发生冲突，一个氏族可以自由选择加入或者退出一个"图曼"。"图曼"的首领叫"图曼达尔"，由他掌管部落的所有大小事宜。"塔格尔"与氏族的概念类似，由若干个不同的家庭组成。部落制度在西北边境地区的表现尤为明显，由部落首领带领按传统的规范生活，制定部落的法律制度，以及处理与其他部落的关系，巴基斯坦在这些地方都有行政代表，这些行政代表在处理部落相关事宜的时候，都必须与部落的首领进行协商。现在正规的民事管理制度正在慢慢推行，有可能取代旧的体制。

部落体制的明显的特征是"吉尔加"制（长老议会），这是由部落首领和地方长老组成的部落议事会议制度。"吉尔加"制度在普什图人部落最为流行。由部落首领和地方长老组成的"吉尔加"相当于部落议会，是普什图人在部落体制下的集体议事、处理事务的机构，也是发扬民主的地方。普什图人的部落一般由两个或两个以上的"塔格尔"组成，部落之间保持联系的方式仍然是传统的方式，普什图人存在的基础是血缘关系，这种血缘关系可能是真实的，也可能是虚构的，虽然是虚构的，对于当地居民来说也是坚不可摧的，因为这是祖上传承下来的，也是自己生存的需要。还有一种特殊的情况，一部分部落并不是按照血缘关系组成的，他们已经失去了氏族的传统。

历史上，普什图人大多数部落不是固定不变的，他们之间会合并，内部也会分裂。同时也可能会有新的部落产生。

四、职业集团

在古印度，当阶级、国家出现之后，带有印度特色的种姓制度也同时出现。其主要经历了两个阶段，第一个阶段称为瓦尔那制，用来区别亚利安人和被征服种族。后来随着雅利安人因为社会分工的不同而出现不同的社会集团，很多被征服的种族变成了被奴役的对象，社会分为四个瓦尔纳：婆罗门、刹帝利、吠舍和首陀罗。瓦尔纳制度刚出现的时候，就被婆罗门神化了，带有浓厚的宗教色彩，从种姓制度的出现就可以知道，这一制度不仅是宗教迫害的反映，更与社会分工的关系十分密切。

到了孔雀帝国时代，随着经济社会的发展，特别是商品经济的冲击，一部分地位比较高的种姓者由于地位下降，不得不从事一些低种姓者的岗位，这就是社会现实对种姓观念的冲击。随着经济的发展，社会分工进一步精细化，各个地区出现各种各样的职业集团，原来的瓦尔纳制度不再能够适应社会发展和分工的需要，贾提制应运而生。历史的发展趋势从来都是经济进一步发展，社会分工进一步细化，但是，贾提制的出现并不是有利于经济发展和社会进步的。在贾提制度的约束之下，一个家族必须世世代代从事同一种职业，不同职业的人不能通婚，这对人的自由发展有很大的限制。贾提制的出现与发展是孔雀帝国经济发展与社会分工的需要，同时也能反映印度当时的经济模式。以自然经济为主，各区域之间的贸易还很少，交流也比较少，即使是在大城市，大家还是希望自己的职业不受影响，不希望有外人进入本行业，以保证自己的生活稳定。这样的职业分工模式，把印度分成了一个又一个的小集体。贾提制和瓦尔纳制并不冲突，贾提制是在瓦尔纳制的基础之上形成的，囊括了瓦尔纳制的所有内容。

11世纪初，信奉伊斯兰教的突厥人入侵次大陆，1206年建立了德里苏丹国，穆斯林把伊斯兰教引入次大陆，为次大陆带来了翻天覆地的变化，甚至改变了它的历史发展方向。但由于印度文化的历史悠久和强大的包容性，印度并没有被伊斯兰化，穆斯林仍然处在少数地位。穆斯林想要实现统治，就要借助印度教的影响，发挥它的重要作用，穆斯林也慢慢受到种姓制度的影响和熏陶。印度人民在归顺伊斯兰教的同时，肯定会把自己的风俗习惯、宗教传统带入到伊斯兰教之中，他们虽然归顺了伊斯兰教，但还是保持着原来惯有的生活习惯、生活环境，还从事着原来的职业。种姓制度十分根深蒂固以至于不能被完全剔除，比如高种姓阶层改宗之后，仍然不与低种姓来往，改宗之后，他们只跟高种姓联姻，绝不与低种姓联姻，各种姓的人改宗的心态都是不一样的，印度上层的人希望通过改宗谋取官职，保持原来的职业，不愿意接受改宗之后要跟低种姓者平起平坐的现实。相反低种姓者则是改宗之后的最大受益者，他们可以跟高种姓一起参加宗教活动，不用忧心违反种姓制度而收到惩罚，但是他们原本的社会地位、生活环境还是会使他们受到歧视。

　　印度的职业集团一代又一代的延续，就算他们归顺伊斯兰教之后，职业集团还是存在的，贾提制使人们的行为受到极大的约束，也严重束缚了社会的进步。但是从事商业活动的人们，通过自身的辛勤劳作，不仅为他们的职业集团而且为整个社会做出了巨大的贡献，一些不断壮大的职业集团，不仅给经济发展带来重要的影响，而且在政治和社会文化方面也起着越来越重要的作用。由种姓制度延伸出来的职业集团的影子，随着经济的进一步发展，在一些经济较为先进的地区已经开始慢慢地淡化。

　　巴基斯坦这块土地上，有着古老的城市和城市文明，但是这个国家却是以农业为主的，多种族、多语言和宗教的因素都在巴基斯坦留下深刻的印记。在巴基斯坦的农村，人与自然基本融为一体，没有走出大山的愿望，如果不是生活所迫，一般都不会走出家乡，去外地寻求出路。社会的变革和外来文化虽然对巴基斯坦的农村也有影响，但是传统的价值观念还占据主导地位。跟农村不一样的是，城市则是巴基斯坦的行政中心、经济中心、文化中心甚至军事中心，但是即使这样，城市依然要受到宗教的影响，城市的规划、建设和发展方向还是要符合伊斯兰教的基本精神。在经济发展的过程中，大多数的资源会慢慢集中到城市，城市出于发展的需要又会进一步开发农村，表面上看是城市带动了农村的发展，实际上却造成城市和农村经济发展的失衡，农村的人民创造出来的财富被城市的人民所占有。但是，这仍然给巴基斯坦城乡之间的交流和沟通带来了很多机遇，如今，巴基斯坦城市和农村的关系已经慢慢改善，在城市发生巨大改变的同时，农村人被吸引到城市寻找机会。通过这种农村与城市的接触，农村开始慢慢摈弃原来的封闭状态，融入时代发展的脚步，过去格格不入的状态慢慢开始改变，接下来农村和城市的关系将会越来越融洽。

第二节 文化及其他

一、教育

（一）伊斯兰教育

1. 传统伊斯兰教育

传统伊斯兰教育的目的是为了传授知识和陶冶灵魂，传授知识是指以传授伊斯兰教教义和教法为基础的宗教知识，陶冶灵魂是指培养个人的美德，用伊斯兰教来规范个人的行为，净化灵魂。传统的伊斯兰教育一般包括初、中、高三个阶段。初级教育称作马克塔布教育，中级教育称作麦德莱萨教育，高级教育称作清真寺教育，但是随着后来的发展，麦德莱萨教育和清真寺教育合二为一，中、高级教育都在麦德莱萨完成。伊斯兰教育早期的形式是家庭教育。刚开始的时候，家长会在宗教、语言、文化和习俗等各方面对孩子进行启蒙，然后再送孩子去马克塔布进行进一步的学习，马克塔布是经文学校，主要学习伊斯兰经典，除此之外还学习数学算术、基本写作、阿拉伯语言和波斯语言。马可塔布的大部分学习内容都要求学生死记硬背，不需要进行深入理解，马克塔布教育的主要意义在于宗教启蒙和教会学生从伊斯兰的角度来思考人生，了解社会。麦德莱萨教育又分中、高级，中级主要以宗教为主，比如伊斯兰经典注释、教法学、教义学，另外还有数学、逻辑学、哲学、天文学等，高级教育主要是培训专门的神职人员，学生们必须大量阅读伊斯兰的书籍，阿拉伯语是高级学生的必修课。

　　传统伊斯兰教育的传授方法主要是以老师传授为主，老师凭着对真主的忠诚，向学生传授知识，他们尽职尽责，关心学生的全面发展，又关心其对伊斯兰神学的掌握程度，关心学生人品培养、道德建树，也会关心学生的家庭经济情况，老师是尊严、道德和诚信的化身。老师与学生的关系是精神上的，是永久的。高级阶段的教育多数采用课堂讨论的形式，鼓励学生参与讨论，发表自己的见解，不希望学生一直保持沉默。传统的伊斯兰教育没有考试制度，马克塔布阶段的学习主要考察学生的背诵能力，每学一段伊斯兰经典，只要能流利背诵就可通过，麦德莱萨阶段的学习主要在于培养学生对伊斯兰教义和教法的理解和掌握，鼓励学生发言，培养学生的逻辑和思辨能力。传统伊斯兰教育是完全免费的，伊斯兰学校的经费一部分是来自政府，另一部分来自民间的捐助，后来学校担心学校教育受到政府过多干涉，拒绝接受资助。传统伊斯兰教育发展很快，有的老师甚至把课堂设在家里，有的还在大树下教学，学生的队伍也开始慢慢壮大。传统伊斯兰教育在发展的同时，也没有忘记妇女的教育，虽然妇女不宜在外抛头露面，不能和异性坐在一起学习，但是她们还是有机会接受比较良好的教育，对于家住偏远地区，不能受到良好教育的妇女，可以进入清真寺学习，接受完启蒙教育之后，这部分妇女就不能接受下一阶段的学习了。但是，有钱人家的女孩还可以请老师到家里讲课，由女性导师对其传授知识继续学习。

(二) 现代伊斯兰教育

巴基斯坦建国之后，政府和伊斯兰教之间对于教育一直存在分歧，伊斯兰教认为教育要重视宗教，而政府认为教育需要有时代性，主张把教育纳入国民教育之中，不鼓励单独发展宗教教育。这种争论旷日持久，实际上，宗教学校的扩张给国家的安全和稳定都带来了不同程度的隐患。巴基斯坦刚独立的时候，真纳提出"要建立一个包涵自身历史和民族思想、符合国情并有成效的教育体系"。但其教育体系尚未得到实施，真纳就去世了。真纳去世后，巴基斯坦国内政治长期动荡，基于宗教建立的党派伊斯兰促进会的地位开始上升，在伊斯兰促进会的推动之下，巴基斯坦的宗教学校开始出现迅猛发展。20世纪50年代开始，巴基斯坦一度出现"伊斯兰热"，主要表现为一些非宗教学校开始设立伊斯兰教系和伊斯兰课程。哈克的政策鼓励发展宗教学校，国家通过征收税收来鼓励宗教学校的发展，以换取宗教政党对国家政府的支持，同时还能从宗教学校获得兵员，前往阿富汗战场。最初，政府还能控制宗教学校，但是后来，大部分非政府组织和私人向学校捐助，巴基斯坦政府慢慢失去对宗教学校的控制，且已经完全超出政府发展宗教学校的数量，与政府的初衷相背离。可以说，宗教学校的发展虽然可以在一定程度上弥补政府对正规学校投资不足的缺陷，但由于在宗教学校学不到基本的生存技能和学科知识，学生离开学校之后的唯一出路就是从事与宗教相关的工作，无法为巴基斯坦经济发展提供充足的现代化劳动力。

（三）正规教育

巴基斯坦教育部规定，联邦教育部负责制定教育制度，监管图书馆、博物馆及各类研究机构，负责各类学校的专业设置，管理巴基斯坦在外国的学校和在国内的学校，监管版权、商标等。各省的大学主要由省政府和省教育部管理。巴基斯坦教育受内阁领导，各省设立省教育部，联邦教育部公共教育局负责管理初级教育，中等教育局负责全国的中等教育，省督是各省国立大学的校长，由副校长来主持学校的日常工作，省教育部部长是省立大学的代理校长。巴基斯坦教育部明确的教育目标是：培养服从伊斯兰意识形态与民族文化传统，具有高尚道德情操、丰富知识和娴熟技能的国家建设人才。巴基斯坦的教育由国家、地方和个人共同投资，学校分国立、省立、地方和私人四种。私立学校需要教育部批准才能成立。正常运行各地区的英语专科学校也是私立学校的一种。

巴基斯坦的教育基本沿袭了英式教育，分为三个阶段：小学和中学为初等教育，高中、中间院校、中等技术学校为中等教育，正规大学和专科学院为高等教育。

1. 初等教育

巴基斯坦的初等教育分为两个部分，即小学和初中，规定小学5岁入学，学制5年，初中3年。根据教育大纲的规定，小学阶段开设的课程主要有：语言、数学、巴基斯坦知识、伊斯兰教义、体育、艺术和卫生等课程。初中阶段在小学的基础之上，增加英语和职业方面的课程。巴基斯坦政府规定全国初等教育实行免费的政策，巴基斯坦的中小学分为四类：个人开办的私立学校，政府办的公立学校，乡镇集资的乡村小学，英国、美国人开办的国际学校。在这些学校中，第一类学校的教育设施是最好的，师资力量也是最强的，学校采用英文进行教学。其中一些学校是国际著名大学的附属学校，这些学校毕业的学生在通过相关考试之后可以直接升入这些著名大学深造。这些学校任职的老师大部分是在国际著名学校深造过的海归，在这些学校就读的学生大多也是家境比较富裕的孩子。第二类学校各方面的基本条件都不如第一类，学校大多使用乌尔都语教学，英语只作为一门课程进行学习，这类学校一般是中产阶级以下家庭的子女。第三类学校的条件就更差了，教学的语言主要是当地的语言。第四类不是为普通巴基斯坦的家庭开设的，只有少数条件富裕的家庭才能把孩子送到第四类学校学习。

巴基斯坦的中小学教育没有统一的教学大纲，各个学校的课程设置可能完全不同，由各个学校自行确定，这样使得学校之间无法"兼容"，更重要的一点是巴基斯坦的大学入学考试试卷是全英文的，因此对那些非英语教学的学生来说，要考上大学是非常难的，所以一些条件一般的家庭，为了孩子的前途，也会尽量将孩子送到质量较好、用英语教学的学校去。

2. 中等教育

巴基斯坦的中等教育是指高中、中间学院和中等技术学校，学制一般是两年。与初等教育类似，有的学校使用英语教学，有的学校使用国语教学，还有一些学校使用当地的语言进行教学。巴基斯坦政府宣布，从1974年开始，巴基斯坦全国的高中实行免费教育。早期的巴基斯坦技术学校主要是培养工人，学校课程设置以技工类为主，不设普通教育类课程。而普通学校只设与文化教育有关的课程，没有职业技术方面的课程内容，为了改变这种情况，巴基斯坦教育部门提出普通教育要与技术教育相结合的方针，需要对中等教育做较大幅度的改动，逐步把职业技术教育融入到普通教育中，主要目的是让高中毕业之后不再继续接受教育的学生有一技之长，满足社会需要。中间学院存在的目的是为了向高等院校输送学生，教学上受到相关学校的监督，中间学院又被称为预科学院，学生分为文科、理科、经贸和医学等专业，除了本专业的课程之外，伊斯兰教义和巴基斯坦研究也是必修的课程，经过两年的学习，通过考试的方式进入大学或者专科学校继续学习。

3. 高等教育

巴基斯坦的高等教育又称为学位教育，包括大学和专科院校，省督是大学的校长，首都地区的大学校长是总统，由校长任命副校长，主持大学评议会会议，掌管学校的财务权。大学的最高领导机构是董事会，由校长提名的专业和非专业人员任命，一般大学董事会的人数在20人左右，董事会下设评议会和学术委员会，评议会由教授、学生代表和学校行政部门代表组成，负责对学校的各项事务进行评价。学术委员会是学校的学术机构，由院长、系主任和教授代表组成，主要职责是制定发展规划、规章制度，规定学术标准、授予学位等。

二、文化艺术

（一）书法、绘画、建筑艺术

伊斯兰信仰禁止偶像崇拜，书法艺术和建筑艺术被称为伊斯兰艺术最主要的两种形式。书法艺术在伊斯兰艺术里很受重视，因为伊斯兰教最早的经典都是用阿拉伯语抄写的，因此阿拉伯书法是伊斯兰宗教中至高无上的圣品。后来书法又被运用到清真寺和建筑物的装修中去。早期抄写伊斯兰经典的字体名叫"库法"体,这种字体略显死板,后来流行于民间的一种字体"纳斯赫"字体。这种字体优美、活泼而且非常简便,但很少有人用来抄写伊斯兰经典或者做装饰,到了11世纪,"纳斯赫"字体取代"库法"字体称为主流字体。13世纪,巴格达陷落,伊斯兰文化中心转移至波斯,这期间书法艺术又有新的发展,一种新的字体"达力克"出现,这是一种有点类似于草书的字体,书写起来非常随意,但是在当时,伊斯兰经典的抄写仍然用"纳斯赫"字体,而装饰则用这种新的字体。14—15世纪,伊斯兰书法艺术出现新的发展,在前面几种字体的基础上,又出现了更加优美的字体"纳斯达力克",这种书体的特点是笔画随意舒展,曲线明快平稳,同时又不失气派。

巴基斯坦独立之后,主要流行"纳斯达力克"字体和"纳斯赫"字体。但是什么也阻挡不了书法家的创新和灵感,出现许多流派,现如今书法艺术已经成为巴基斯坦的一门主要的艺术,书法家们还创造出书法艺术和绘画艺术的结合品,把字和色彩巧妙地集合起来,这些书法作品被爱好者收藏。

巴基斯坦的绘画艺术是在继承印度伊斯兰绘画艺术的基础之上进一步发展而来的,由于进入次大陆的大多数统治者都非常喜欢绘画艺术,所以伊斯兰绘画的发展非常迅猛,在莫卧儿王朝鼎盛的时期,许多中亚画师到印度为皇帝、大臣作画,这就使得莫卧儿时期的绘画既有中亚的特点,又同时具备印度绘画的特征。至今保存下来的绘画作品主要描绘宫廷生活、战争还有肖像画。莫卧儿时期的肖像画一直是主流,由于代表伊斯兰绘画艺术的莫卧儿绘画艺术主要是在统治者的宫廷之中,所以伊斯兰的绘画艺术主要是宫廷绘画艺术。

印度绘画艺术则是从壁画演进而来的，印度伊斯兰最早的绘画艺术出现在德里苏丹国的伊勒图特米什时代，在费罗兹·沙特·国格拉克统治时期，还命令禁止在皇宫的壁纸上画有生灵动物的图案。由此可见，次大陆伊斯兰的绘画艺术从13世纪就已经产生了，当时严格遵守伊斯兰教规，严禁出现肖像画。莫卧儿王朝是印度伊斯兰绘画艺术的鼎盛时期，历代帝王都非常喜爱绘画艺术，对艺人十分尊敬，聘请专门的绘画专家。阿克巴在位的50多年时间里，有很多著名的绘画作品问世，其中最重要的是《阿米尔·哈姆扎传奇》，[1]讲的是穆罕默德的叔父的故事，插画基本体现了波斯细密画的特点，同时具备传统印度绘画的特点，实现了波斯绘画艺术和印度绘画艺术的完美结合，为莫卧儿绘画艺术奠定了坚实的基础。阿克巴时代的细密画主要是文学、史记和人物传记手抄本的绘画。16世纪末，阿克巴时代的细密画已经形成了自己特有的风格，其中代表性最强的是《阿克巴本纪》[2]抄本插图。阿克巴时代绘画的主题主要都是民间传奇、历史故事还有帝王的传记，后期才有少量的人物肖像画，画家大多运用写实主义来为帝王画肖像画，肖像画人物表情庄重，非常严肃，但是那些写实的画作却十分巧妙、想象力丰富，成为莫

---

[1] "新作家派"中著名的浪漫主义诗人阿米尔·哈姆扎（1911—1946年）有人封他为"新作家派诗歌之王"。他的诗集《相思果》（1941年）代表他的早期作品，主要抒发幽思和乡愁，充满年轻人浪漫的情调，另一部诗集《寂寞之歌》（1933年）代表他的后期作品，由于爱情的破灭和受到压抑，诗歌里充满着悲观厌世的感伤情绪，甚至以对宗教的沉湎和对死的祈求排遣余生。他的诗作从思想内容上看，消极情绪多于积极的精神，但在创作技巧上却成就卓著。他自小受马来古典文学的陶冶，善于熔铸古今，博采精取，使他的诗清丽多彩，文词典雅，尤其以音律讲究见长。

[2] 《阿克巴本纪》，关于莫卧儿大帝阿克巴及其统治时期状况的著作。作者阿布勒·法兹勒是当时著名的学者、历史学家，多年担任阿克巴的秘书和顾问，参与大政方针的决策。讲述的史实除为作者所耳闻目睹外，还来自国家的各种文件，故客观而全面。所述年代、风俗、地志等准确可信。是该时期历史的权威之作。原书用波斯语写成，共3卷，今存有近代的英文译本。与作者同时代的历史学家费济·萨尔欣迪著有同名著作。

卧儿时期绘画的新趋势，更加贴近生活。阿克巴时代绘画艺术的突出特点是波斯绘画艺术和印度绘画艺术的有机结合。在阿克巴的推动之下，波斯画家绘画印度的古典传奇故事，而印度画家业学习波斯细密画的绘画技巧，使两种绘画艺术更加紧密地结合，培养出一大批优秀的画家。阿克巴时代的绘画还吸收了西方绘画的特点，莫卧儿时期绘画艺术刚开始形成，就受到西方绘画的影响，西方绘画对印度最大的启迪就是写实主义，这种开放的画风为莫卧儿时期绘画艺术的发展奠定了基础。阿克巴时代主要是以莫卧儿派为基础，其后代又使莫卧儿绘画有了进一步发展，这一时期绘画注重自然景物的描绘，与前期的绘画存在着很多不同。到贾汉吉尔时代，肖像画成为一大体裁，这时候的肖像画没有之前的那么死板，开始关注人物的心理活动和形象写真，来揭示人物的性格特点。到了沙杰汉[①]时代，由于沙杰汉喜欢建筑，他对绘画的关注和捐助远远不够，因此绘画艺术开始走下坡路。到了奥朗则布[②]时代，波斯细密画的地位已经非常卑微了，奥朗则布甚至认为前代皇帝对绘画的喜爱是对宗教的亵渎，因此撤销了对绘画的捐助，将画师赶了出去。但是绘画并没有因此而衰退，仍然处于缓慢的发展之中。到了穆罕默德时代，开始恢复对绘画的捐助，细密画再一次重放光彩。巴基斯坦的绘画艺术主要是从莫卧儿绘画艺术传承下来的，另外由于受到西方绘画的影响，产生了现代派绘画，巴基斯坦独立之后的绘画艺术可以分为三种：传统派、抽象派和现代派。在20世纪60年代之前，主要是传统派占据主导位置。20世纪70年代以来，巴基斯坦绘画受到西

---

① 莫卧儿帝国第五代皇帝。
② 奥朗则布，印度莫卧儿王朝第六任君主，沙·贾汗第三子。足智多谋，尤精于武略，曾被赞誉为"帝位之荣缀"。

方的影响，在继承传统风格的同时，也在追求尝试新的风格，但是仍然有大批的画家坚持传统画风，与巴基斯坦生活息息相关的绘画都是他们所喜爱的。

穆斯林在印度建立政权之后，就开始建造清真寺，修建自己的宫殿，他们从中亚请来很多的建筑师，但是由于处在印度这样的环境之中，有些东西还是要请教印度的建筑师，建筑所要用的材料只能从当地取材，从其他地方搬运的成本太高，这样的话，中亚的建筑风格和印度的建筑风格就实现了恰到好处的结合。德里苏丹时期，由于战争的原因，苏丹人不能投入过多的人力、物力和财力来修建伊斯兰建筑。这一时期，不仅修建了许多宫殿、清真寺和帝王陵墓，还修建了苏菲修道堂和陵墓，当时的建筑风格主要是中亚伊斯兰风格。莫卧儿时期，建筑走上了鼎盛时期，盛世之下，莫卧儿王朝开始大规模兴建土木。贾汉吉尔时代，皇帝喜欢绘画远超过喜欢建筑，因此这一时期的建筑远不如前，沙杰汉时代是莫卧儿时期建筑的鼎盛时期，大规模修建城堡、宫殿、清真寺等，把印度风格和波斯风格结合在一起。奥朗则布时代，他强调伊斯兰教的教规，排斥艺术，反对奢华的建筑。英国殖民统治时期，巴基斯坦还出现一些西方的建筑风格，但也有保留一些莫卧儿时期的建筑风格。独立之后，巴基斯坦完全继承了印度穆斯林的建筑风格，在巴基斯坦境内的建筑都受到保护。巴基斯坦建筑是传统风格和西方风格的并存。

（二）音乐、舞蹈

巴基斯坦音乐是在印度伊斯兰音乐的基础之上发展起来的，而印度伊斯兰音乐又是外来音乐和本地伊斯兰音乐交融产生的，它既有印度的特点，又有中亚、西亚的特点。在德里苏丹时期，开始出现巴基斯坦音乐，大规模伊斯兰音乐出现则是在突厥人在次大陆建立伊斯兰政权之后，初期的苏丹歌手主要来自波斯、突厥、阿富汗，他们唱的大部分是波斯音乐。发达的印度音乐同时影响着外来的伊斯兰音乐，为了迎合统治者的需要，民间艺人开始吸取中亚的风格。16世纪莫卧儿王朝时期是音乐的辉煌时期，历代皇帝都十分喜欢音乐，因此音乐的发展十分迅速，产生了许多知名的音乐家，莫卧儿王朝灭亡之后，伊斯兰音乐进入低谷。巴基斯坦独立之后，巴基斯坦音乐继承了印度伊斯兰音乐，主要以传统音乐为主，包括古典、民间和苏菲三种。除了民间音乐之外，其他的音乐发展都非常缓慢，强调伊斯兰教义的人觉得音乐亵渎了伊斯兰教义，应该要令行禁止。这使得许多爱好音乐的人民犹豫不前，使巴基斯坦音乐受到宗教的影响而止步不前，但是音乐仍然在民间流传。近年来，巴基斯坦音乐也开始慢慢融入一些西方的元素。

巴基斯坦舞蹈分为古典舞蹈和民间舞蹈两类，古典舞中最有名的是克塔克舞，是在一种乐器伴奏下，一种边唱边跳的舞蹈。巴基斯坦各民族都有自己的民族舞蹈。就像音乐一样，巴基斯坦的舞蹈也非常精湛，但发展得却非常缓慢，其中最主要的原因就是宗教的影响。正统伊斯兰教学者认为音乐舞蹈有悖于伊斯兰教义，因此人们不能在大庭广众之下跳舞，而女人不能跳舞，更加不能跟男人跳舞，只有在婚礼的时候，避开男人的情况下，妇女和姑娘才可以在一起跳舞。舞蹈和音乐一样，虽然受到宗教的束缚，却是巴基斯坦不可缺少的一部分。

三、社会习俗文化

(一) 衣食文化

巴基斯坦的衣食文化很大程度受到宗教的影响，和伊斯兰的许多国家都类似。男性穿长衫，女性围头巾，饮食要遵循伊斯兰教有关饮食的规定，但是受到一些土著居民的影响，部分地区的衣食文化又有一些南亚的特点。即使是在炎热的夏天，巴基斯坦的男人也不会穿背心、短裤，参加正式场合时，还会穿礼服，男人的头部还会用头巾包起来，具有浓厚的民族特色。在巴基斯坦的街上，还会看到男人戴帽子，通过帽子的样式就能知道这位男人大概来自哪里。当然随着社会的进步、时代的发展，西装也开始走入人民的日常生活之中。依照伊斯兰的教规，妇女只有手和脚可以露在外面，其他部位都不能暴露在外，因此巴基斯坦妇女的穿着主要是长袍，妇女出门在外还需要戴着面纱。当然，随着社会逐渐开放，一些如伊斯兰堡等首都和城市地区，女性的穿着已经越来越开放，日常可以不戴面纱，甚至可以适当裸露胳膊、穿膝盖以下长度的裙装。巴基斯坦妇女喜欢佩戴各种各样的金银和宝石类饰品，有的饰品可能还代表了一些特殊的意义。巴基斯坦的服饰有一定的一致性，但由于地域的差异，可能也具有一定的民族性。

巴基斯坦人的饮食以面食和米饭为主，最受欢迎的就是粗面饼。受英国殖民统治的影响，也有一些西式糕点。巴基斯坦人喜欢吃香辣的食品，很多食品世界闻名。奶茶在巴基斯坦比较受欢迎，经常被用来款待客人。受英国殖民统治的影响，巴基斯坦人有喝下午茶的习惯，每天下午3—4点就喝奶茶，吃西式面点。

（二）婚俗文化

在巴基斯坦，婚姻不是个人的事情，它不仅关系到个人生活的幸福美满，而且也关系到部落的兴旺发达，因此有关婚姻习俗的规定就比较繁杂。为子女选择配偶是父母这一生中最重大的责任，父母会根据家族、教派、经济情况为子女选择配偶，早些年间出于保护家族财产的需要，存在近亲结婚的情况，后来由于婚育常识的普及，近亲结婚越来越少。巴基斯坦的婚礼时间非常长，通常会持续数月。婚姻不仅是一种契约，也是对个人和家族利益的一种保障。

（三）礼仪禁忌

穆斯林在见面的时候要互道安好，在问候的时候，要握手、拥抱，有的则右手抚置胸前，这是穆斯林通用的问候方式，在问候的时候，一般以握手为限，而且一定要握右手。如果是很久没有见的朋友，在握手之后，还要热烈拥抱。巴基斯坦人忌讳用手拍打别人的背部，因为在巴基斯坦这是警察拘捕犯人的动作。男子在和女性问候时，不可以主动跟对方握手，只有女子主动握手的时候，才可握手。在巴基斯坦的街上，尽量不要穿背心、短裤，女士绝对不能穿短裙。进入清真寺时，尤其要着装庄重，同时必须脱下鞋子。到巴基斯坦朋友家里做客，事先要跟人预约，最好要按约定时间抵达，不要提前，以免主人没有做好准备而措手不及。在巴基斯坦，由男人接见客人，女人是不能出现在男客面前的。

巴基斯坦是中国的友好邻邦，中巴友谊深入人心，真诚友好、互利合作、相互信任和支持已成为中巴关系的显著特征。中巴两国建交半个世纪以来，在两国政府及人民的共同维护和努力下，两国在多层次、多领域进行了卓有成效的合作。巴基斯坦是亚洲的重要国家，建国以来在实现经济发展和社会进步方面取得了相当大的成就，在国际舞台上也发挥着积极的作用，不只是中国，世界各地的人们对巴基斯坦的文化以及社会的了解都会越来越深入。

第五章　巴基斯坦与南亚各国的关系

第一节　南亚基本情况

南亚区域内的国家包括印度、巴基斯坦、孟加拉国、斯里兰卡、尼泊尔、不丹和马尔代夫。此外，缅甸在文化上也受到南亚影响，所以有时也被纳入南亚的范围。

一、印度共和国

东北部同中国、尼泊尔、不丹接壤，孟加拉国夹在印东北部国土之间，东部与缅甸为邻，东南部与斯里兰卡隔海相望，西北部与巴基斯坦交界。东临孟加拉湾，西濒阿拉伯海，海岸线长5560公里。面积约298万平方公里（不包括中印边境印占区和克什米尔印度实际控制区等），居世界第7位。人口13.66亿（2019年），居世界第2位。官方语言为英语和印地语。首都新德里。

二、巴基斯坦伊斯兰共和国

位于南亚次大陆西北部。东接印度，东北与中国毗邻，西北与阿富汗交界，西邻伊朗，南濒阿拉伯海。海岸线长 980 公里。面积 79.6 万平方公里（不包括巴控克什米尔地区）。人口约 2.17 亿（2019 年）。乌尔都语为国语，英语为官方语言。首都伊斯兰堡。

三、孟加拉人民共和国

位于南亚次大陆东北部的恒河和布拉马普特拉河冲击而成的三角洲上。东、西、北三面与印度毗邻，东南与缅甸接壤，南濒临孟加拉湾。海岸线长 550 公里。全境 85% 的地区为平原。面积 147570 平方公里，人口 1.66 亿（2019 年）。孟加拉语为国语，英语为官方语言。伊斯兰教为国教。首都达卡。

四、尼泊尔联邦民主共和国

内陆山国，位于喜马拉雅山南麓，北邻中国，其余三面与印度接壤，国境线全长 2400 公里。全国分北部高山、中部温带和南部亚热带三个气候区。面积 147181 平方公里。人口 2900 万（2019 年）。尼泊尔语为国语。首都加德满都。

五、斯里兰卡民主社会主义共和国

南亚次大陆南端印度洋上的岛国，西北隔保克海峡与印度半岛相望。接近赤道，热带季风气候，终年如夏，年平均气温28℃。风景秀丽，素有"印度洋明珠"之称。面积65610平方公里。人口2200万（2019年）。僧伽罗语、泰米尔语为官方语言和全国语言。首都科伦坡。

六、不丹王国

位于喜马拉雅山脉东段南坡，其东、北、西三面与中国接壤，南部与印度交界，为内陆国。北部山区气候寒冷，中部河谷气候较温和，南部丘陵平原属湿润的亚热带气候。面积3.8万平方公里。人口76.31万人（2019年）。不丹语"宗卡"为官方语言。藏传佛教（噶举派）为国教。首都廷布。

七、马尔代夫共和国

印度洋上的群岛国家。距离印度南部约600公里，距离斯里兰卡西南部约750公里。南北长820公里，东西宽130公里。由26组自然环礁、1192个珊瑚岛组成，分布在9万平方公里的海域内，其中200个岛屿有人居住。岛屿平均面积为1—2平方公里。总面积9万平方公里（含领海面积），陆地面积298平方公里。人口53.1万（2019年）。民族语言和官方语言为迪维希语。伊斯兰教为国教。首都马累。

第二节 自然条件和资源

一、地理

南亚地形分为三部分：北部是喜马拉雅山地，平均海拔超出6000米，海拔8000米以上的高峰14座。尼泊尔、印度与中国三国间的珠穆朗玛峰海拔8844.43米，是世界最高峰。气候、土壤和植被的垂直变化显著。中部为大平原，① 河网密布，灌溉渠众多，农业发达。南部为德干高原和东西两侧的海岸平原。高原与海岸平原之间为东高止山脉和西高止山脉。戈达瓦里、克里希纳等河自西而东流，注入孟加拉湾。盛产水稻、小麦、甘蔗、黄麻、油菜籽、棉花、茶叶等。富煤、铁、锰、云母、金等矿藏。

由于北有高大的喜马拉雅山脉把南亚跟亚洲大陆主体隔开，东、西和南三面为孟加拉湾、阿拉伯海和印度洋所环绕，在地理上有一定的独立性，使南亚在地理上形成一个相对独立的单元，因此喜马拉雅山以南至印度洋的大陆部分被称为"南亚次大陆"（或简称次大陆）。而南亚则是由南亚次大陆的大部分和附近印度洋中的岛屿共同构成的。北部为狭长崎岖的喜马拉雅南侧山地，中部为略成弧形、广阔的恒河-印度河低地，而南部则是西部略高、东部略低，起伏平缓的德干高原。

南亚地区界线明显，年轻的褶皱山脉（如西北部的苏来曼山脉，

---

① 由印度河、恒河和布拉马普特拉河冲积而成。

北部的喀喇昆仑山脉，喜马拉雅山脉，东部的巴达开山脉和阿拉干山脉等），围绕在半岛的北面，南临大海。中部平原由印度河和恒河冲积而成。印度河源于我国西藏，流经南亚西部干旱地区，注入阿拉伯海；恒河源于西北喜马拉雅山区，流经印度、孟加拉国，注入孟加拉湾，河口有恒河三角洲。

南亚西北部塔尔沙漠成因：冬季副热带高气压带控制，降水少；夏季西南季风无法到达；印度河流域过度开发。

地质构造和地形具有非常明显的关系。南部的德干高原，占有印度半岛的大部分，是一个庞大的前寒武纪的古陆块，它是构成次大陆的核心，是冈瓦纳古陆的一部分。白垩纪末，在德干高原的西北部曾有大规模玄武岩溢出，覆盖面积达40万平方公里，构成世界上最大的熔岩台地。德干高原的地形是一个久经侵蚀的向东北缓倾的大古老地块，西高止山构成高原的西部边缘，高度1000—1500米，其西斜面成断层崖；东高止山构成高原的东部边缘，高度500—600米，为低丘状，沿海有较宽的沿海平原；在德干高原内部多地垒和地沟的地形，是一个古老的、久经侵蚀的、倾动的和被许多河川所切割的准平原残丘状地块。斯里兰卡岛在地质构造上与印度原为一体，后因保克海峡和马纳尔湾的沉降，才与印度分离。北部是喜马拉雅山脉南侧的一部分山地，这是喜马拉雅运动的产物。喜马拉雅山脉在构造上可分为三带：北部带，又名西藏带或西藏喜马拉雅带，是由古生代初期至第三纪的岩层组成；中部带，又名雪峰喜马拉雅带或喜马拉雅带，露出岩石主要为花岗岩和片麻岩，现代冰川和雪峰甚多；南部带又名外带或山麓喜马拉雅带，位于印度大平原与喜马拉雅山脉之间，主要为低矮山麓，岩层以第三纪沉积岩为主，高度约1000米。印度大平原属于新褶皱山的前渊地带，其前身为孟加拉湾和阿拉伯海的一部分，东西长约 3000 公里，南北宽约 250—300 公里，是世界著名的大平原之一。

二、资源

盛产水稻、小麦、甘蔗、黄麻、油菜籽、棉花、茶叶等。富煤、铁、锰、云母、金等矿藏。矿物资源以铁、锰、煤最丰富。南亚是芒果、蓖麻、茄子、香蕉、甘蔗，以及莲藕等栽培植物的原产地。所产黄麻、茶叶约占世界总产量 1/2 左右。稻米、花生、芝麻、油菜籽、甘蔗、棉花、橡胶、小麦和椰干等的产量在世界上也占重要地位。

三、政治状况

独立后的南亚各国在政治发展过程中经历了漫长而痛苦的转型期。民族与宗教冲突、政治组织激烈党争、军人政治、威权政治等因素在南亚国家的政治发展中产生了重要而深远的影响。

印度次大陆是一个巨大的非西方社会，在与西方相处的过程中，其经历了一段痛苦和耻辱的历史。相对静止、自给自足的南亚地区在遭到殖民者入侵之前曾是令欧洲人充满向往的世外桃源。南亚次大陆上的人民忠于自己的家庭、村庄、种姓和领主，过着安宁而朴实的生活。村庄一级的地方自治会是最基层的政治结构，履行着收集赋税、事务管理和地方审判的各项职责。南亚次大陆的基层政治结构相对独立，彼此封闭，而中央政府则功能涣散。南亚地区的这种传统政治结构给人以节奏缓慢，甚至有些浪漫主义的感觉。随着西方殖民者的入侵，莫卧儿王朝衰亡，英国殖民者在19世纪中叶变成整个印度次大陆的主人，南亚地区的传统社会遭到颠覆性破坏。200多年的英国殖民统治，在经济、文化和政治领域给南亚传统社会带来了深刻的影响和变革。次大陆的自然资源遭到掠夺，工业发展受到严重抑制，西式教育制度改变了传统文化的传承方式。英国教育创造了一个熟悉外国语言和文化、接受自由主义和理性思想意识的新阶层。正是这个阶层学会了利用欧洲的思想意识来攻击英国的殖民统治，组织声势浩大的民族解放运动，从而帮助南亚最终获得独立。印巴分治带来民族和宗教矛盾的激烈爆发，新国家政治道路的选择，国内政治组织之间的权力斗争与平衡。在此后近半个世纪政治发展的道路上，南亚各国历经了从传统政治向现代政治过渡的种种磨难。军人干政、威权政治，与政治有关的暴力和恐怖活动成为困扰南亚各国的棘手问题。进入21世纪以来，南亚各国的政治发展之路虽然依旧充满坎坷和困难，但总的民主化进程取得长足发展，政治制度日臻成熟和完善。

四、经济状况

（一）印度

自2014年5月莫迪担任总理后，印度制定了雄心勃勃的发展计划，其中，促进经济高速增长、改善民生是一个重要目标。2016年印度加快了市场化改革进程，出台了许多改革措施，继续推进"印度制造"，改善投资环境，打击官员腐败，提高政府效率，简化外资程序，提高外资占比，加快基础设施建设，努力改善财政收支平衡，完善税务结构，修改复杂的征地法规，大大增加了国内外资本的投资，有力地推动了经济发展。在印度经济结构中，由于服务业占的比重超过50%，其发展状况将严重影响经济整体增长速度。据印度统计局公布的数据，2015—2016财年印度经济增长率达7.6%，比上一财年提高0.4个百分点。其中，农业部门经济增长1.2%，工业部门增长7.3%，服务业部门增长8.9%。从这三个部门看，由于充沛的西南季风带来了降水和不断完善的农业发展政策促进了农业经济发展，农业增长速度较上一财年提高了1.4个百分点。工业部门在"印度制造"背景下增长速度较上一财年提高1.9个百分点。尽管服务业部门增速放缓，较上一财年回落1.4个百分点，但由于其占比高，仍然是印度经济增长的最大贡献者。从2016年看，第一季度印度经济增速达7.9%，创下2012财年采用新国内生产总值统计方法以来的最高纪录。第二季度经济增速下降为7.1%。亚行预测，2016年和2017年印度国内生产总值增长率分别为7.6%、7.7%，高于2014年和2015年分别为7.2%和7.5%的增速。制造业和现代服务业成为印度经济持续增长的重要动力。2016年印度经济增长主要得益于低油价、私人投资增加、基础设施建设加快、投资环境改善以及企业及金融资产负债表去杠杆化的推动。目前，印度正在推进改革。在吸引外资方面，加大力度鼓励外国企业直接投资，逐步放宽企业投资限制。在能源方面，印度政府决定加大新能源开发力度，在全国推广LED节能灯使用，以减少燃料进口。在金融方面，为进一步降低金融服务业进入门槛，2016年8月10日印度内阁审议通过允许部分金融服务业可以通过"自动路径"进入印度市场。在基础设施建设方面，印度设立了基础设施投资基金，吸引国内外投资者参与。这一系列改革，有力地促进外资进入。2016财年印度外商直接投资净流入额从2015年的312.5亿美元增加到360.2亿美元。

（二）巴基斯坦

2014年以来，巴基斯坦政府在推进私有化、控制财政赤字、减少政府开支、提高金融稳定性等方面采取了一系改革措施，使宏观经济发展保持平稳运行，投资增加，经济增长有所加快。2016年世界银行批准了10.2亿美元贷款，用于支持巴基斯坦深化经济改革、发展经济、改善投资环境、减少贫困、提升巴信德省应对自然灾害的能力。2015—2016财年巴基斯坦政治形势总体保持稳定，外部环境没有出现大幅度波动，政府进一步实施结构性改革，使得宏观经济政策保持了稳定发展的状态，经济增长速度有明显加速迹象，国家整体实力和对外影响力也得到增强。根据国际货币基金组织数据，2016财年巴基斯坦国内生产总值增长率将达5.7%，相较于2015年4.7%的增长率，提高了约1个百分点。从2015—2016财年看，巴经济受农业影响大，该财年农业增长率为0.19%（上一财年为2.5%），创25年来最差表现。第二产业超预期，工业增长率达6.8%，创过去8年来新高。第三产业提速，增长率达5.7%，占国内生产总值的比重增至59.2%，成为拉动巴经济增长重要因素。外国直接投资大幅增长，当年外商直接投资净流入12.8亿美元，增长38.8%。电力、油气开发、通信、化工、交通运输、贸易、金融和纺织业是外商直接投资净流入的主要行业。同时，财政赤字和经常项目赤字状况有所改善，外汇储备创新高，卢比币值保持稳定。2015—2016财年末巴外汇储备额达230.9亿美元，创历史新高。因此，总体看，巴宏观经济正在向好。2014—2015财年国内生产总值增速4%，2015—2016财年国内生产总值增速4.7%，2016—2017财年国内生产总值增速5.28%，2017—2018财年国内生产总值增速达到 5.79%，创下 13 年新高。2018—2019 财年经济增长率降至 3.3%，2019—2020 财年受新冠肺炎疫情影响，巴经济陷入衰退，国际组织预计巴经济增速将降至 -1.3%。

（三）孟加拉国

近年来，孟加拉国一直在不断深化经济改革、规范法律法规、提供良好的基础设施、完善外商投资政策、打造进口加工区、努力改善投资环境，并制定了宏伟发展目标，即争取到 2021 年成为中等收入国家，2041 年成为发达国家的目标。2016 年由于政局基本稳定、天气条件较好、国内需求旺盛、工业和服务业快速发展、投资增加等因素，孟加拉国经济继续保持强劲增长势头。继 2014—2015 年国内生产总值增长率达 6.6%，2015—2016 财年的经济增长速度达 7.1%。同时，利率持续下降，外汇储备充足、通胀率下降。外汇储备超过 300 亿美元，相当于近 6 个月商品和服务进口。外汇储备增加主要原因是全球大宗商品价格较低降低了进口成本，资本账户处于顺差状态，银行积累了大量外汇储备。另外，其日益改善的经济发展环境、外资增加和外贸发展良好也助推了经济稳定增长。2016 年 6 月，孟政府公布了 2016—2017 财年经济发展计划，提出的主要经济指标是：经济增长 7.2%，通货膨胀率控制在 5.8%，财政收入达 2.43 亿塔卡，赤字额控制在 9785 亿塔卡。2015—2016 财年孟加拉国外商直接投资金额达 18.2 亿美元，同比增长 21%，创历史新高。出口达 342.4 亿美元（其中服装产业为 280.9 亿美元）。按目前状况，孟加拉国基本可以实现目标。

（四）尼泊尔和阿富汗

尼泊尔和阿富汗是南亚地区经济发展基础最为薄弱的两个国家，发展环境不佳，也是当前南亚国家中经济最不景气的两个国家。2016年两国经济增长率创近十余年来的最低水平。但两国经济发展缓慢的原因各不相同。

尼泊尔政局不稳，地震严重影响经济发展。2016年尼泊尔政府又进行换届，党派纷争依然严重。两次毁灭性的地震使工商业大量受损，跨境贸易中断，旅游业损失惨重，而重建工作进展缓慢。同时，尼出国劳务人员从2014财年的527814人下降至2016财年的418713人，使得占本国国内生产总值30%的汇款收入也明显下降。2016财年尼汇款收入比2015财年下降7%，为5年来最低增长点。由于政局不稳和地震破坏，经济增长率严重下滑。但随着震后重建工作的加快，以及从2017年起尼服装业获得免税进入美国市场的资格，制造业得到很快发展。

阿富汗安全形势严峻影响了投资者信心，党派纷争使得政府治理水平低下，关键岗位的官员迟迟不能任命，经济政策实施迟缓，特别是安全形势一直没有得到大的好转，且在2016年有恶化迹象，武装分子活动加剧，人民流离失所，这严重影响了投资者的信心。同时，2016年以来，已有90万阿难民从巴基斯坦和伊朗返回国内，为近年以来之最。这使得阿安全保障方面的开支很高，压缩了发展经济、减少贫困等方面的支出。而低迷的经济增长又严重影响住房、交通、教育等建设，难民难以安置，由此形成恶性循环——安全影响经济发展、经济不发展影响安全形势。

（五）斯里兰卡

2009年斯结束内战后，经济一直保持较快增长，平均每年保持在6%—8%左右的经济增速。2010—2014年经济增长率分别为8.02%、8.25%、6.41%、7.25%、7.37%，但2015年后似乎并未享受到国内旅游业发展和国际低油价带来的积极影响，经济增长率开始下滑，2015年仅增长4.79%，而政府债务占国内生产总值的比重达73.5%。2016年3月亚洲开发银行发布报告称，2016年斯经济增长率为5.3%。据斯统计，2016年第一季度其经济增长率为5.5%，形势较好。但第二季度受5月份洪水及建筑业、制造业疲软的影响，经济增长率下降为2.6%，远远低于预期。而且，外国直接投资流入减少，资本从国内证券市场外流，货币贬值10%。为了推动经济增长，斯政府积极推动结构性改革，调整信贷和货币政策，完善治理结构，改革所得税和增值税，鼓励民众投资，吸引更多的外国直接投资。同时，世界银行还批准了1亿美元支持斯政府进行公共部门和财政管理改革。但由于其经济受外部环境影响巨大，出口减少，非石油进口增加，国际收支逆差，海外汇款减少，外汇储备降低，财政赤字增加，债务负担沉重，再加上暴雨、洪灾等等因素的影响，2016年经济增长率为5.0%，财政赤字率为5.9%。

（六）不丹

不丹是位于喜马拉雅山南麓的一个小国，受世界经济影响较小。近年来，由于工业和服务业快速发展，其经济增速较快，成为仅次于印度的南亚国家。同时，通货膨胀率温和、汇率略有贬值、外汇储备充足。不丹经济增长的原因主要有三个方面：一是水电项目的支撑。随着水电发展，相关设备的进口额不断增加。未来3年不丹还要建设三个水电项目，其中两个于2018年竣工，水电出口有望进一步增加。二是宽松的财政和货币政策刺激了服务业、汽车业和个人贷款的强劲增长，私人消费增加。三是随印度经济的增长而增长。由于不丹与印度经济联系紧密，近年来印度经济快速增长带动了其经济增长。但不丹经济也面临一些问题，主要是经济结构单一、经常账户赤字居高不下、青年失业率高等。目前其经常账户赤字率达30%左右。

（七）马尔代夫

马尔代夫是印度洋岛国，经济结构单一，经济增长受内政和外部因素影响大。建筑业和旅游业是马尔代夫经济增长的主要推动力量。近年来由于国内外环境影响，其经济增长率波动幅度较大。2011年经济增长率达7%以上，2012、2013年又不到4%，2014年上升到7%，2015年回落到1.5%。其主要原因是来自中国和俄罗斯的旅游人数减少，导致旅游收入下降。同时，出口下降，外汇收入减少，而非石油进口（如运输设备和建筑材料）急剧增加，财政赤字规模扩大。2016年7月，马尔代夫经常账户赤字占比估计增至9.2%，外汇储备下降至6.23亿美元。国际货币基金组织预计2016年马尔代夫经济增长速度为3.5%，但实际可能只有2%左右。总的来说，2016年尽管南亚国家也受全球经济动荡的影响，但由于主要国家经济保持了快速增长态势，南亚地区经济仍然成为全球经济发展的一个亮点。

五、文化和社会状况

南亚既是世界四大文明发源地之一，又是佛教、印度教等宗教的发源地。早在公元前三千年左右，恒河－印度河流域便出现过一些繁华的城市，公元前3世纪以后，又相继出现囊括次大陆地区的大部分版图的四个统一的国家，即孔雀王朝、笈多王朝、德里苏丹国和莫卧儿王朝，在这一过程中，南亚一直是世界上最富饶的地区之一，农业、手工业、交通运输业以及各种形式的文化艺术均达到了较高的水平。

1498年，来自西方的葡萄牙人达·伽马首航印度之后，西方殖民势力相继侵入这一地区。到1757年，除"高山王国"尼泊尔保持了一定程度的独立外，南亚其他地区均沦为英国的殖民地。其中，印度、巴基斯坦、孟加拉和缅甸合称为英属印度。在长达数百年的殖民统治过程中，南亚悠久的文明历史被中断，经济发展处于相对停滞状态，成为世界上最贫穷落后的地区之一。

第二次世界大战以后，随着南亚民族独立运动的兴起，长达200年的殖民统治体系面临瓦解。为了维护英国在南亚的殖民统治，英国殖民当局采取了"分而治之"的办法，于1947年6月抛出"蒙巴顿方案"。

所谓"蒙巴顿方案"是由英国驻印度总督蒙巴顿提出的一项"印巴分治"的具体计划，主要内容是：把英属印度的居民按宗教信仰划分为印度和巴基斯坦两个自治邦，分别建立自治政府。巴基斯坦由东巴和西巴组成，两部分相距1600公里。王公土邦在"移交政权"后享有独立地位，可分别谈判加入印、巴任何一方。

第五章 巴基斯坦与南亚各国的关系

"蒙巴顿方案"抛出后,印度的国大党和全印穆斯林联盟接受了这个方案。1947年8月15日,印巴实现分治,成为两个自治邦,其后又于1950年和1956年分别宣布为独立的印度共和国和巴基斯坦伊斯兰联邦共和国,但均留在英联邦内,1972年1月巴基斯坦宣布退出英联邦。

印巴分治以后,由于东、西两巴被印度领土一分为二,行政管理不便,加之受外部势力的影响,1971年3月25日,东巴宣布脱离巴基斯坦成立孟加拉国,因此3月26日,东巴基斯坦与西巴基斯坦(即今天的巴基斯坦)开战。后来印度帮助东巴基斯坦,东巴基斯坦取得了胜利,成为独立的孟加拉国。

不丹在历史上曾为一个独立的部落,1772年英国侵犯不丹,1865年,英国同不丹签订不平等条约,即《辛楚拉条约》,强迫不丹割让包括噶伦堡在内的第斯泰河以东地区。1910年1月,英国又强迫不丹签订条约,规定不丹的对外关系接受英国的"指导"。印、巴分治后,印度于1949年8月8日强迫不丹签订《永久和平与友好条约》,规定不丹的对外关系接受印度的"指导",使不丹实际上沦为印度的附属国。多年来,不丹王国政府对印度的控制日益不满,要求独立自主,随之不断要求有直接同外国发生经济联系和进行贸易的权利。

锡金原是喜马拉雅山南麓的一个内陆小国,面积7100平方公里,人口35万。19世纪上半叶,英国以印度为基地对锡金进行武装侵略,1890年锡金沦为英国的"保护国"。1947年,印度刚独立不久便强迫锡金同其签订了《保护现状协定》。1949年6月,印度派军队进驻锡金。1950年强迫锡金签订《印度和锡金和平条约》,规定锡金为印度的"保护国",锡金除在内政上享有"自治权"外,国防、外交、经济等均由印度控制。1975年4月，印度军队解散了锡金国王的宫廷卫队，后又废黜国王，将锡金变为印度的一个邦。

除上述国家外，印度洋上原为英属殖民地的两个岛国斯里兰卡（原名锡兰）和马尔代夫也先后于1948年和1965年宣布独立。从此南亚国家全部独立。

由于英国长期殖民统治以及后来实行"分而治之"政策造成的恶果，南亚国家从取得独立起，就存有许多错综复杂的地缘政治问题，如克什米尔问题、俾路支斯坦问题等。这些问题与各国的种族、民族、教派等矛盾交织在一起，再加上冷战时期美国、苏联在南亚的渗透和争夺，使本区战后几十年来长期动荡不安。几十年来南亚各国虽然不断进行双边谈判，但许多问题始终没有得到妥善解决，直接影响着南亚各国的稳定与安宁。

南亚是印度教、佛教、耆那教、锡克教的发源地。印度、尼泊尔居民多数信奉印度教，巴基斯坦、孟加拉国、马尔代夫居民多信奉伊斯兰教。斯里兰卡、不丹居民多信奉佛教。

第三节 巴基斯坦与南亚各国的经贸关系

一、南亚区域经济合作

（一）南亚区域合作联盟

南亚区域合作联盟是一个地区性组织。1985年12月，孟加拉国、不丹、印度、马尔代夫、尼泊尔、巴基斯坦、斯里兰卡七国首脑齐聚达卡，通过《南亚区域合作宣言》和《南亚区域合作联盟宪章》，宣告南盟正式成立。

1980年5月，孟加拉国时任总统齐亚·拉赫曼首先提出开展南亚区域合作的倡议。1981年4月，孟加拉国、不丹、印度、马尔代夫、尼泊尔、巴基斯坦和斯里兰卡七国外交秘书在斯里兰卡首都科伦坡举行首次会晤，具体磋商成立南盟的有关事宜。

1983年8月，七国外长在印度首都新德里举行首次会晤，并通过了《南亚区域合作联盟声明》。1985年12月，七国领导人在孟加拉国首都达卡举行第一届首脑会议。会议发表了《达卡宣言》，制定了《南亚区域合作联盟宪章》，并宣布南亚区域合作联盟正式成立。

《南亚区域合作联盟宪章》特别规定了指导南盟工作的几项基本原则：（1）各级的决议应在协商一致的基础上作出；（2）不审议双边和有争议的问题；（3）联盟框架内的合作应基于尊重主权平等、领土完整、政治独立、不干涉别国内政和互利的原则；（4）此类合作不应取代双边和多边合作，而是对它们的补充；（5）此合作不应与双边和多边义务相抵触。

2005年11月召开的第13届南盟首脑会议同意吸收阿富汗为新成员。南盟包括不丹、孟加拉国、印度、马尔代夫、斯里兰卡、尼泊尔、巴基斯坦和阿富汗八国，成员国总人口达15亿，其中有大约5亿贫困人口，各国的国内生产总值总和达6000亿美元。

2005年11月召开的第13届南盟首脑会议宣布，2006年至2015年为"南盟减贫10年"，会议通过了内容丰富的《达卡宣言》，同时决定接纳中国和日本为南盟观察员。2006年8月，第27届南亚区域合作联盟部长理事会会议举行，与会的南盟八国外长在开幕式之前举行的非正式会议上原则同意给予美国、韩国和欧盟观察员资格。2007年4月，接纳伊朗为观察员。

根据《南盟宪章》，南盟的宗旨是：促进南亚各国人民的福祉并改善其生活质量；加快区域内经济增长、社会进步和文化发展，为每个人提供体面生活和实现全部潜能的机会；促进和加强南亚国家集体自力更生；促进相互信任和理解及对彼此问题的了解；促进在经济、社会、文化、技术和科学领域的积极合作和相互支持；加强与其他发展中国家的合作；在国际论坛上就共同关心的问题加强彼此合作；与具有类似目标和宗旨的国际及地区组织进行合作。

南盟的主要机构有成员国首脑会议，由各国外长组成的部长理事会，由各国外交秘书组成的常务委员会等。南盟的常设秘书处设在尼泊尔首都加德满都。南盟首脑会议原则上每年举行一次，但根据《南盟宪章》，如果成员国中任何一国拒绝参加，会议将不能举行。

南盟的建立是为加速经济发展，提高和改善本地区人民的生活状况，促进集体自力更生，推动成员国之间在经济、社会、文化和科技方面的协作，并加强同其他发展中国家以及国际组织和区域性组织的相互合作。联盟的组织机构有：首脑会议，每年召开一次；部长理事会，由外长组成；常务理事会，由外交秘书组成。联盟成立以后，主要致力于农业、乡村发展、电信、气象、科技与体育、邮政、交通、卫生与人口、文化与艺术等9个领域的合作。联盟的建立，对于该地区的经济发展和政治稳定具有重要意义。

南盟经过三十多年的曲折和徘徊，取得了一些成绩，积累了一些经验，为今后的发展奠定了一定的基础。南盟取得的最大合作成果是《南亚特惠贸易安排协定》的签署和实施（该协定于1995年12月8日起正式实施）。

此外，南盟各国还在根除贫困、农业、旅游、交通通信、教育卫生、环境气象、文化体育、反毒反恐怖、妇女儿童等领域开展了广泛的合作，并就粮食安全、反毒品和反恐怖问题签署了合作文件。

南盟机制鼓励成员国进行次区域合作。1997年4月，印度、孟加拉国、尼泊尔和不丹四国宣布成立次区域合作组织，定名为"南亚增长四角"。该组织旨在加强四国在经济领域中的合作，如自然资源的开发和利用、运输、通信、能源等一些特定项目上的合作，以推动本地区经济全面发展。

（二）南亚自由贸易协定

2004年1月6日，为期3天的第12届南亚区域合作联盟（南盟）峰会在巴基斯坦首都伊斯兰堡真纳会议中心闭幕。在此次峰会中，南盟七个成员国的领导人主要讨论加强南亚各国在社会、经济和文化等领域的合作以及联合反恐等议题，并签署了具有里程碑意义的《南亚自由贸易协定》。

自20世纪90年代以来，随着世界范围内区域经济一体化趋势的快速发展，特别是东亚区域经济一体化对经济的巨大促进作用，使得经济发展相对落后的南亚国家受到了很大震动。在东盟自由贸易区成立以后，南亚各国普遍意识到，切实推进地区经济合作已迫在眉睫，否则原本就不发达的南亚地区与世界的距离将会越来越远。因此，达成《南亚自由贸易协定》成为本次峰会的主要议题，该协定的签署标志着南亚自由贸易区计划正式启动，也是此次峰会最切实的成果。

《南亚自由贸易协定》的目标主要包括：加强区内贸易、经济合作、削减贸易壁垒、便利货物跨境运输、促进自由贸易区内公平竞争、确保成员国公平受益等。南亚自由贸易协定将通过贸易自由化程序、原产地规则、磋商、争议解决程序等方面予以实施。同时，各成员国还同意采取辅助措施来支持和补充南亚自由贸易协定，包括：协调标准，互相承认成员国检验机构的检验与证明；简化并协调海关清关程序；协调海关协调制度编码分类；海关合作以解决海关入境地争议，简化进口许可、进口融资程序；为提高南盟区内贸易效率提供过境便利——特别是向内陆成员国提供；清除区内投资壁垒；宏观经济磋商；公平竞争规则与风险投资促进；开发交通运输基础设施等。

按照《南亚自由贸易协定》，孟加拉国、不丹、印度、马尔代夫、尼泊尔、巴基斯坦及斯里兰卡等七个南盟成员国将从2006起逐步将关税削减到5%以下，从而建立起"南亚自由贸易区"。其中，孟加拉国、不丹、马尔代夫、尼泊尔等最不发达国家可享有10年过渡期。

《南亚自由贸易协定》及有关协议的签署，对促进南亚区域经济合作、加快南亚各国经济发展具有重要作用。但是，也有不少人士担心，自由贸易区的建立、贸易壁垒的削减可能导致印度廉价商品的大量涌入，影响孟加拉国这样的弱势国家。同时，也有分析家认为，该协定是否能得以执行，现在还言之过早。

尽管达卡峰会后南亚地区合作政治意愿上升，但南亚区域经济合作仍将受制于政治因素，包括印巴冲突、反恐问题、尼泊尔等国的国内局势变化，此外还包括普遍存在的人口压力和基础设施落后等问题。而目前《南亚自由贸易协定》进程面临的最大挑战是印巴关税减让冲突。印方指责巴方未按《南亚自由贸易协定》要求对除消极清单以外的所有商品实施关税减让，双方为此争执不下。

二、巴基斯坦与南亚各国贸易往来情况简析

（一）宏观层面分析

首先，进行截面数据分析。在货物贸易上，南亚其余六国之中，印度是巴基斯坦的最大进口国，其次是斯里兰卡和孟加拉国；孟加拉国是巴基斯坦最大的出口国，其次是印度和斯里兰卡。六国除孟加拉国、斯里兰卡和马尔代夫是巴基斯坦的顺差国外，其余三国都是巴的逆差国。从巴在南亚和世界的贸易数据来看，巴基斯坦无论是在南亚地区还是在全球区域内都处于逆差地位，但在南亚的逆差程度小于总逆差。同时，南亚地区的进出口额占总进出口额的比重进一步显示，在巴的总进出口额一定的情况下，其在南亚地区出口货物的可能性比在南亚地区进口货物的可能性更大，约为1.6倍（6.08/3.8）。也就是说相对于在南亚地区进口货物，巴基斯坦在南亚的出口能力更强。

表5-1　2016年巴基斯坦货物贸易情况表

对象国家	进口总额（美元）	出口总额（美元）
印度	1644387679	348101948
孟加拉国	48598016	656160300
尼泊尔	963428	812041
不丹	111199	—
斯里兰卡	76689451	237182563

续表

对象国家	进口总额（美元）	出口总额（美元）
马尔代夫	6315475	6398413
合计	1777065248	1248655265
世界	46998269105	20533792833
占比	3.78%	6.08%

资料来源：UN Comtrade Database, https://comtrade.un.org/data。

在服务贸易上，六国均是巴基斯坦的净进口国。其中，巴服务贸易的进口国和出口国从大到小依次都是印度、斯里兰卡和孟加拉国。从南亚数据和全球数据上看，巴基斯坦在南亚地区和全球区域均处于逆差地位，并且巴在南亚的逆差程度大于总逆差。再从占比数据来看，发现在巴基斯坦服务贸易总进、出口额一定的情况下，其在南亚进口服务产品的可能性比在南亚出口服务产品的可能性更大，约为5倍（1.05/0.2）。所以巴在南亚进口服务产品的能力比在南亚出口服务的能力更强。

表5-2 2015年巴基斯坦服务贸易情况表

对象国家	进口总额（美元）	出口总额（美元）
印度	75391486	5672929
孟加拉国	3799699	187920
尼泊尔	131238	80240
不丹	18881	—
斯里兰卡	6130489	5580717
马尔代夫	29622	3323
合计	85501415	11525129
世界	8113984000	5755815211
占比	1.05%	0.2%

资料来源：UN Comtrade Database, https://comtrade.un.org/data。

对比不难发现：第一，南亚其余六国中，印度、孟加拉国和斯里兰卡，无论是在货物贸易还是服务贸易领域，都是巴基斯坦最紧密的贸易伙伴；第二，尽管巴基斯坦在货物、服务贸易领域均处于逆差国地位，但是巴在南亚地区的货物出口能力相对进口能力强，在南亚地区的服务出口能力相对进口能力弱。

其次，是进行面板数据分析。通过分析巴基斯坦近年在南亚的进出口情况和相互间的贸易依存度，有助于直观地展示巴基斯坦与各国的贸易发展趋势，把控巴与南亚国家关系未来发展方向。

1. 进出口数据分析

巴基斯坦对南亚其他六国的进口波动较大，其中对孟加拉国的进口自2008年起呈现明显的下降。从整体趋势来看，近11年来，巴对印度和马尔代夫的货物进口有明显的增加，对斯里兰卡的进口增加较少且波动剧烈，对孟加拉和尼泊尔的进口存在明显下跌。

不同于对马尔代夫出口的剧烈波动，巴基斯坦对印度、孟加拉国、尼泊尔和斯里兰卡的出口波动相对平缓。就近年的整体趋势来说，巴对孟的出口持续稳步增加，近年出现小幅下降但相对平稳；对马尔代夫的出口虽然存在较大增长，但呈峰型波动；对斯里兰卡和印度的出口整体呈小幅增长；对尼泊尔的出口存在较明显的持续下跌。

综合以上针对巴基斯坦对各国的进、出口情况的分析，不难发现，近年来，巴对孟的进口持续减少，出口持续增加，对孟的顺差不断增加；对印的进口增加明显，出口增加幅度较小，对印的逆差呈现增加趋势；对尼泊尔的进、出口均出现明显下跌；对马尔代夫和斯里兰卡的进、出口虽然均整体呈小幅增长，但对斯的进口、对马的出口波动剧烈。因此，从目前的贸易往来数据可以推断，近年

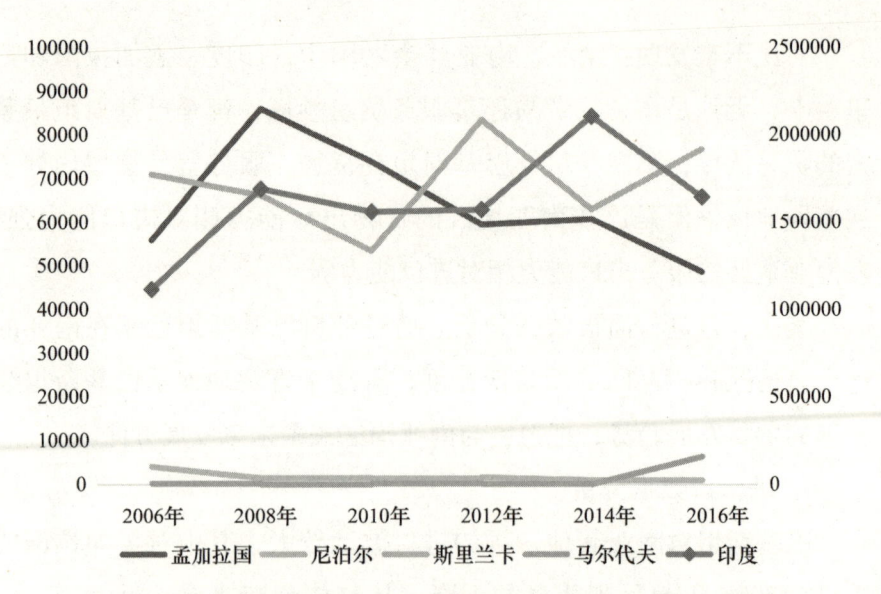

图 5-1① 巴基斯坦与南亚各国的货物贸易进口情况（单位：千美元）

资料来源：UN Comtrade Database, https://comtrade.un.org/data。

巴基斯坦对孟、印的贸易往来密切，并有更加密切的趋势；与尼泊尔的贸易逐渐疏远，并存在更加疏远的趋势；与马、斯的贸易有密切的趋势但稳定性较差，未来发展难以预期。

2. 贸易依存度分析

贸易依存度，亦称外贸依存率或外贸系数。用以表示一国对贸易的依赖程度，一般用对外贸易额在国民生产总值或国内生产总值中所占的比重来表示。即外贸依存度 = 对外贸易总额/国内生产总值。由于本小节想要研究巴基斯坦与各国对双方贸易的依赖程度，

---

① 注：由于巴基斯坦对不丹进口数据相对其他国家过小，出口数据又严重缺失，所以图 5-1、图 5-2 剔除不丹系列。考虑到各国数值差距较大，并且本小节主要研究贸易趋势，图 5-1 中印度对应数值参照次坐标轴，其余国家数值参照 Y 轴，图中印度、孟加拉国、斯里兰卡数值参照次坐标轴，其余国家参照 Y 轴。

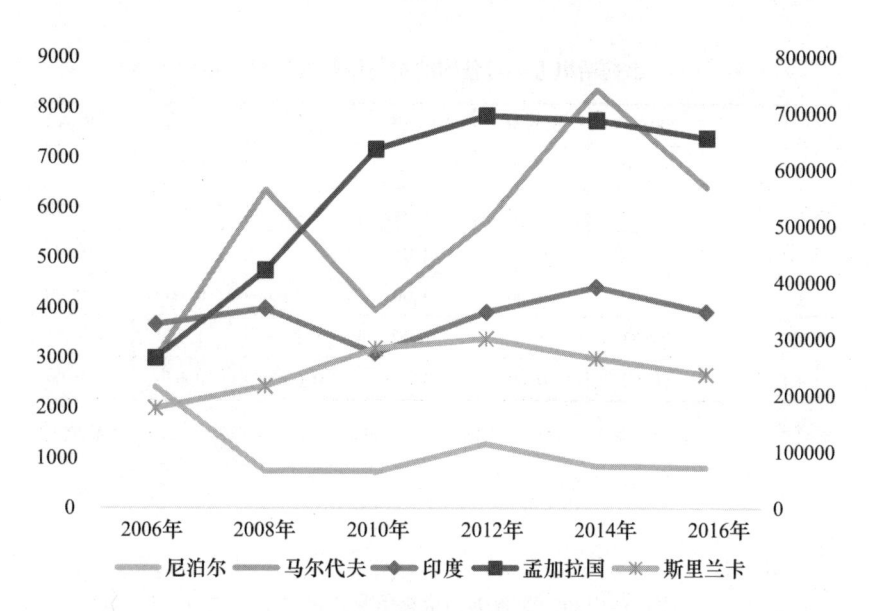

图 5-2　巴基斯坦与南亚各国的货物贸易出口情况（单位：千美元）

资料来源：UN Comtrade Database，https：//comtrade.un.org/data。

因此拓展该公式为：A 国对 B 国的贸易依存度 = 两国贸易总额/A 国国内生产总值。依存度指数越高，说明一国对另一国贸易往来的依赖程度越大。

表 5-3　各国近年对巴贸易依存度情况（单位:‰）

	2006 年	2008 年	2010 年	2012 年	2014 年	2016 年
印度	1.57	1.72	1.11	1.05	1.23	0.88
孟加拉国	4.49	5.55	6.16	6.17	4.33	3.18
尼泊尔	0.72	0.18	0.13	0.15	0.09	0.08
不丹	0.33	0.05	0.01	0.07	0.00	0.05
斯里兰卡	8.78	6.95	5.95	5.62	4.15	3.86
马尔代夫	2.10	3.03	1.79	2.33	2.70	3.53

资料来源：世界银行数据库，https：//data.worldbank.org.cn/indicator/NY.GDP.MKTP.CD。

表5-4 巴基斯坦近年对各国的贸易依存度情况（单位:‰）

	2006年	2008年	2010年	2012年	2014年	2016年
印度	10.50	12.03	10.34	8.56	10.22	7.02
孟加拉国	2.35	2.99	4.01	3.37	3.06	2.48
尼泊尔	0.05	0.01	0.01	0.01	0.01	0.01
不丹	0.00	0.00	0.00	0.00	0.00	0.00
斯里兰卡	1.81	1.66	1.90	1.71	1.35	1.11
马尔代夫	0.02	0.04	0.02	0.03	0.03	0.04

资料来源：世界银行数据库，https：//data.worldbank.org.cn/indicator/NY.GDP.MKTP.CD。

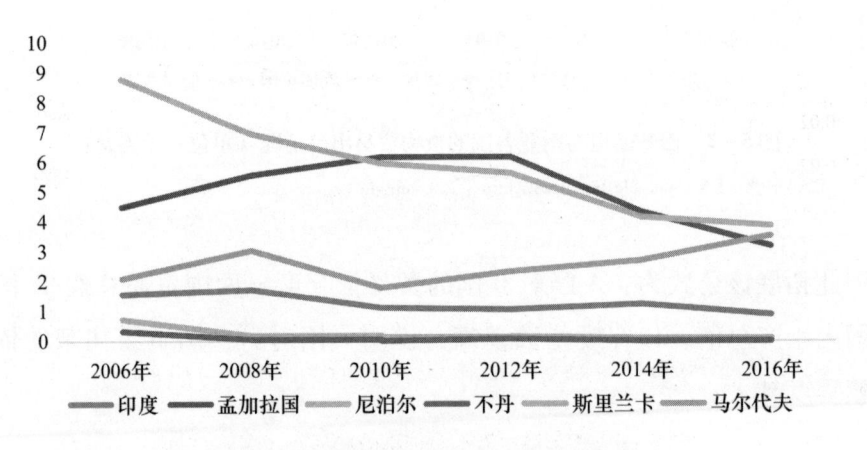

图5-3 各国近年对巴贸易依存度情况

资料来源：UN Comtrade Database，https：//comtrade.un.org/data。

印度、尼泊尔和不丹对巴基斯坦的贸易依存度相对其他3国较低。南亚6国中，只有马尔代夫对巴的贸易依存度增加，其余5国对巴的贸易依存度均降低，其中印度对巴的依存度急剧下降。同时，从整个周期期初、期末数据来看，孟加拉国对巴的贸易依存度下降明显。

第五章 巴基斯坦与南亚各国的关系

巴基斯坦对尼泊尔和马尔代夫的贸易依赖程度较小，对其他3个国家依赖程度相对较大。6个南亚国家当中，巴只对马的依赖有所增加，对孟的依赖经历了小幅增加和小幅下降后，2016年的依赖水平与2006年基本持平。在依赖程度下降的国家中，相对各自在2006年的基数，巴对印度和尼泊尔存在依存度大幅下降。

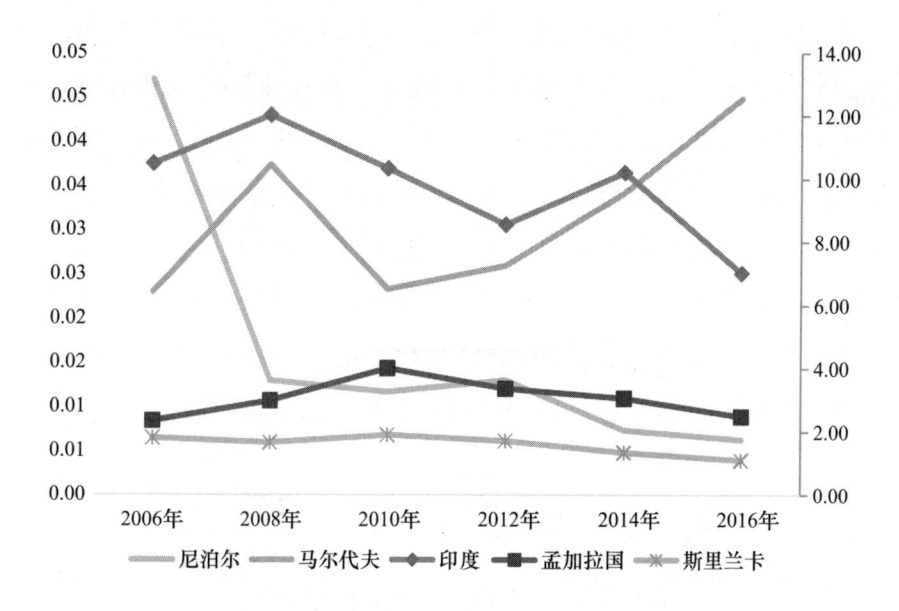

图5-4 巴基斯坦近年对各国的贸易依存度情况①

资料来源：UN Comtrade Database，https://comtrade.un.org/data。

综上所述，在南亚的贸易范围内，巴基斯坦对印度和孟加拉国的贸易依赖程度较大，孟加拉国和斯里兰卡对巴基斯坦的依赖程度较大。因此，巴孟贸易，两国相对对等；巴印贸易中，巴处劣

---

① 注：由于巴基斯坦对不丹的贸易依存度指标过小，小于0.01‰，因此图中剔除不丹系列。同时，由于巴对尼泊尔和马尔代夫的贸易依存度指数相对较小，故尼泊尔、马尔代夫系列数值参照Y轴，其他系列数值参照次坐标轴。

势（因为巴基斯坦更依赖两国间的贸易）；而巴斯贸易中，巴处相对优势（因为斯里兰卡相对更依赖两国间的贸易）。同时，巴与尼泊尔、不丹相互的贸易依存度均较低，且呈下降趋势；与马尔代夫相互的依存度均在2010年后出现明显的增长。

通过对巴基斯坦与南亚其他国家经贸往来的宏观层面分析不难发现，在南亚的其余6个国家中，巴基斯坦与印度和孟加拉国的贸易往来最紧密，但，巴在与两国的贸易中所处的地位大相径庭。相对而言，巴孟贸易中两国所处地位更平等，更有利于两国经贸关系的长久发展。巴基斯坦与斯里兰卡、马尔代夫的贸易往来不太稳定，但斯、马对巴的依存度较巴对斯、马的依存度更大，所以对巴基斯坦而言，与斯里兰卡、马尔代夫的贸易往来是有利的，可以考虑双边贸易的稳定长期发展。而巴基斯坦与不丹、尼泊尔的贸易量和依存度均较小，双边贸易对各国经济的影响可以忽略不计。

（二）中观（产业）层面分析

1. 国际贸易标准分类

国际贸易标准分类是用于国际贸易商民的统计和对比的标准分类方法。商品编号中第一位数字表示类、第二位数字表示章、第三位数字表示组、第四位数字表示分组。如果对分组再进行细分，五位数即表示品目，六位数字表示细目。

国际贸易标准分类将所有商品归为十类：0类代表"粮食及活动物"；1类为"饮料及烟叶"；2类为"除燃料外的非食用未加工材料"；3类为"矿物燃料、润滑油及有关物质"；4类为"动物及植物油、脂肪及蜡"；5类为"未列明的化学及有关产品"；6类为"主要按材料分类的制成品"；7类为"机械和运输设备"；8类为

"杂项制成品"；9类为"未列入其他分类的货物及交易"。

在经济学研究中，为了便于研究一国进出口贸易层次和结构，又通常可将产品分为四类：初级产品，对应国际贸易标准分类中的0—4类；工业制成品，对应国际贸易标准分类中额5—9类；工业制成品进一步分为两类，劳动密集型制成品，对应国际贸易标准分类中的6、8类；资本/技术密集型制成品，对应5、7、9类。

2. 数据分析

表5-5 巴基斯坦在南亚的进口产品结构情况

分类	国别	金额（万美元）
初级产品	印度	3819.34
	孟加拉国	2752.55
	尼泊尔	53.04
	不丹	35.30
	斯里兰卡	2825.97
	马尔代夫	1.86
工业制成品	印度	12428.43
	孟加拉国	364.52
	尼泊尔	48.37
	不丹	57.78
	斯里兰卡	364.96
	马尔代夫	1.06
劳动密集型制成品	印度	2316.03
	孟加拉国	143.81
	尼泊尔	23.47
	不丹	9.08
	斯里兰卡	156.21
	马尔代夫	0.88

续表

分类	国别	金额（万美元）
资本/技术密集型制成品	印度	10112.40
	孟加拉国	220.71
	尼泊尔	24.90
	不丹	48.70
	斯里兰卡	208.75
	马尔代夫	0.18

资料来源：UN Comtrade Database, https://comtrade.un.org/。

从巴基斯坦进口产品结构来看，巴从印度、不丹进口的产品中工业制成品相对初级产品多，其中对印进口两类产品的差额较大。而巴从孟加拉国、尼泊尔、斯里兰卡和马尔代夫进口的初级产品总额均大于进口的工业制成品，其中，对孟进口两类产品的差额较大。再从进口工业制成品的层次来看，除了对马尔代夫的进口之外，巴基斯坦对其他五国的进口额均是资本/技术密集型产品大于劳动密集型产品，并且与印贸易中，巴对印资本/技术密集型产品的进口远远大于对印劳动密集型产品的进口。

同样地，在出口产品结构数据中不难看出，巴基斯坦对孟加拉国、尼泊尔、不丹和斯里兰卡的出口中，工业制成品大于初级产品，其中与孟、斯、尼的两类产品贸易额差距相对较大；对印度、马尔代夫的出口中，初级产品大于工业制成品，且对印的两类产品贸易额相差较大。除此之外，在巴基斯坦与南亚其他国家的工业制成品贸易中，巴对印、尼、不、斯、马五国的出口主要集中在劳动密集型产品，且对印、尼、斯三国出口两类工业制成品的出口额相差较大；只有对孟的出口以资本/技术密集型产品为主，并远大于劳动密集型产品。

表 5-6 巴基斯坦在南亚的出口产品结构情况

分类	国别	金额（万美元）
初级产品	印度	4186.01
	孟加拉国	2111.12
	尼泊尔	29.06
	不丹	7.48
	斯里兰卡	2427.05
	马尔代夫	135.94
工业制成品	印度	688.78
	孟加拉国	8274.97
	尼泊尔	195.48
	不丹	16.16
	斯里兰卡	4707.63
	马尔代夫	117.02
劳动密集型制成品	印度	649.59
	孟加拉国	6809.07
	尼泊尔	194.31
	不丹	13.63
	斯里兰卡	3669.11
	马尔代夫	71.10
资本/技术密集型制成品	印度	39.19
	孟加拉国	1465.90
	尼泊尔	1.17
	不丹	2.53
	斯里兰卡	1038.52
	马尔代夫	45.93

资料来源：UN Comtrade Database, https://comtrade.un.org/。

通过以上数据分析不难发现，巴基斯坦在与南亚各国的贸易中，进出口产品结构和层次各不相同：从产品结构上看，巴对印主要进口工业制成品，出口初级产品；对孟、尼、斯主要进口初级产品，出口工业制成品；对不丹的进、出口均以工业制成品为主；对马尔代夫的进、出口均以初级产品为主。而从工业制成品层次上看，巴对印、孟、尼、不、斯主要进口资本/技术密集型产品，出口劳动密集型产品；对马的进、出口都以劳动密集型产品为主。由此可见，在南亚区域内，巴基斯坦处于产业链低端，主要生产并出口低附加值产品。而印度则是南亚国家中资本/技术相对富裕的国家，工业相对更发达。